防災イツモマニュアル

BOSAI ITSUMO MANUAL

防災イツモプロジェクト：編
NPO法人プラス・アーツ：監修
寄藤文平：絵

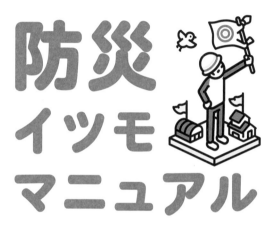

はじめに

　私たちが最初の本、『地震イツモノート』をつくったのは、２００７年でした。阪神・淡路大震災の被災者１６７人の声と工夫をまとめた一冊。一般向けに防災を扱う本がそこまで多くはなかった頃、防災を身近に考えてもらうための「キモチ」の防災マニュアルでした。

　それから私たちは、さまざまな災害の現場から知見を集め、より良い防災を、たくさんの方々とともに考え続けてきました。

　東日本大震災、台風や豪雨、噴火、竜巻。毎年続く自然災害に加え、「複合災害」、たとえばウイルス感染と自然災害などが重なる脅威とも向き合ってきたのが、日本という国です。そのたび、言葉にできない痛みを誰もが胸に刻んできたことでしょう。しかし、私たちの心にそれ以上に強く刻まれたのは、人も、防災も強くなっていく姿。災害大国ともいわれるこの国の、そんな力だったのです。

　本書のコラムでも紹介していますが、耐震基準をはじめ防災に関わるさまざまな基準、ライフラインの復旧能力、情報収集・連絡手段、防災用品の種類や機能など、日本の防災は進化しています。防災情報も、専門知識から、実用的なライフハックまでたっぷりある。「防災」「避難」といえば、パッと何かが頭に浮かぶと思います。

　そんな時代に、なぜ今またこの本を出すの？　もう防災知識、十分あるのに……。その理由をお話しする前に、ひとつ質問させてください。

「頭の中のその知識、最新ですか？」

　２０２４年１月、またも大災害が起こりました。記憶に新しい能登半島地震です。この災害の特徴に、水道管への被害が大きく復旧に時間がかかったこと、その間に衛生環境が著しく悪くなってしまったことがあります。

　その背景を追うと、「お風呂にためておいた水などでトイレを流せる」という昔の防災知識のまま、排水管が破損しているのにトイレを流してしまったり、携帯トイレの使い方がわからなかったりしたケースがあったことが判明しました。排水管の安全が確認されるまでは携帯トイレを使うという正しい知識は、広がっていなかったのです。

　これは能登半島地震だけの話ではもちろんありません。

防災の情報は増えている一方、セミナーなどでアンケートを取ると「正しく知っている」人の数は頭打ちです。たとえば明かりの備えは、広く周囲を照らせる「ランタン」が必要ですが、いまだ「懐中電灯」の答えも多数（皆さんはどうですか？）。防災知識は一度覚えて満足しがち。その課題が、能登で表面化したのかもしれません。

知恵はあるのに。こんなときのためだったのに……。被害を目の前に痛感したのは「もっとちゃんと届けなくてはいけなかったんだ」という、重い反省でした。

『地震イツモノート』刊行後も、イラストでわかりやすく役立つ知識をお届けしようと、私たちは２０２０年に単行本『防災イツモマニュアル』を刊行しました。そして今、より必要な内容へアップデートして、新書として皆さんにお届けします。

「Save Yourself」、自分の身は自分で守ること。

「モシモ」ではなく「イツモ」、災害とつきあっていくこと。

あの年、阪神・淡路の声が教えてくれたことを、私たちは広げ続けます。

災害とともに防災も強くなる日々。そのイツモこそが、あなたをきっと守るから。

目次

はじめに …… 2

1 知ることから始める防災 …… 13

日本のまわりの4つのプレート …… 15
「プレート型地震」のメカニズム …… 16
「活断層型地震」のメカニズム …… 17
日本で起こる地震 …… 18
地震から身を守るポイント …… 19
液状化のメカニズム …… 20
津波のメカニズム …… 21
津波から身を守るポイント …… 22
火災から身を守るポイント …… 23
火山の噴火から身を守るポイント …… 24
火山灰から身を守るポイント …… 25
台風・豪雨の備え …… 26
水害のメカニズム …… 27

土砂災害のメカニズム …… 28
水害・土砂災害から身を守るポイント …… 29
水害・土砂災害の避難のポイント …… 30
竜巻から身を守るポイント …… 31
おすすめのアプリ …… 32

2

最初に確認しよう！ 家の安全

最初に確認しよう！ 家の安全 …… 33
ハザードマップを確認しよう …… 35
複数の避難先を想定しよう …… 36
知っておきたい耐震基準 …… 37
家の耐震を調べてみる …… 38
車中泊の事前準備 …… 39
車中泊の基礎知識 …… 40
車中泊のおすすめグッズ …… 41
テント泊の場所の選び方 …… 42
テント泊のアイテムの選び方 …… 43

テント泊のおすすめグッズ …… 44

コラム 避難所にできる家を持つ。そのつくり方、見つけ方、直し方。
東京ガスリノベーション株式会社 CS推進部 …… 45

3

小さな工夫で大きな効果！
家具の転倒防止 …… 49

家具転倒防止グッズの効果 …… 51
転倒防止グッズを取り付けるポイント …… 52
身近なものを活用する転倒防止策 …… 53
リビングの安全対策 …… 54
キッチンの安全対策 …… 55
寝室などの安全対策 …… 56
おすすめの家具転倒防止用グッズ …… 57
割れないガラスはない …… 58

コラム そのガラスを凶器にしない。ポイントは「割れかた」と「割れたあと」。
AGC株式会社 …… 59

4 サバイバル×電気&ガス　63

明かりがあると安心　65
電気による二次災害を防ぐには　66
感震《かんしん》ブレーカーがあると安心　67
消火器の使い方　68
ガスメーターは自動的に止まる　69
ガスメーターの復帰方法　70
カセットコンロとボンベは必需品　71

コラム　ガス、消しに行かなくていいんです。今覚えておきたい三つの知識。
東京ガスネットワーク株式会社 防災・供給部／人事総務部　72

5 サバイバル×水　75

水はどれくらい必要？　77
水の備えと節約術　78
水を運ぶための工夫　79
水がないときのオーラルケア　80

身近にある水源を覚えておこう …… 81

コラム 歯みがきなんて後でいい？ いえ、非常時こそ、オーラルケアを。
サンスター株式会社 研究開発部／広報部 …… 82

6  サバイバル×トイレ …… 85

災害時のトイレは水が使えない …… 87
携帯トイレの種類と選ぶポイント …… 88
携帯トイレの使い方 …… 89
携帯トイレはどれくらい必要？ …… 90
緊急用トイレのつくり方 …… 91
携帯トイレとあわせて必要なもの …… 92
使用済み携帯トイレの保管方法 …… 93

コラム 下水道の復旧はすぐにはできない。住まいによっては長引くことも。
埼玉県下水道局 下水道事業課／危機管理防災部危機管理課 …… 94

コラム 自分らしく、人間らしく。快適なトイレをあきらめないで。
株式会社エクセルシア 代表取締役 足立寛一さん …… 98

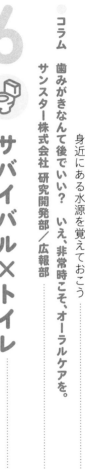

7 サバイバル×キッチン …… 101

1週間分の食料を工夫する …… 103
ローリングストックで備蓄する …… 104
おすすめの収納方法 …… 105
おすすめの「非常食」 …… 106
水がないときに役立つキッチングッズ …… 107
紙食器のつくり方 …… 108
［レシピ］乾物サラダのつくり方 …… 109
［レシピ］節水してお米を炊く方法 …… 110
［ルポ］自然解凍で食べてみました …… 111
［ルポ］「非常食」をつくってみました …… 112

コラム　カロリーと水、だけじゃない。ほしいのは、「いつもの食」でした。
アサヒグループ食品株式会社 …… 113

8 身のまわりのものでできる！ 応急手当 …… 115

知っておきたい「救命の流れ」…… 117
心肺蘇生法…… 118
AEDの使い方…… 119
止血の応急手当…… 120
骨折の応急手当…… 121
コラム **地震直後、あなたが救える命がある。その勇気を「講習」がつくる。**
日本赤十字社 救護・福祉部…… 122

9 あの手この手を知っておく！ 連絡手段…… 125

家族で決めておく連絡のルール…… 127
いろいろな連絡手段…… 128
災害用伝言サービスの種類…… 129
コラム **災害に強い通信ネットワークへ。日本の通信は、日々進化しています。**
ソフトバンク株式会社 災害対策室／広報室…… 130
コラム **携帯電話という端末は、もっと役立つ防災ツールになれる。**
Apple Inc. 広報部…… 133

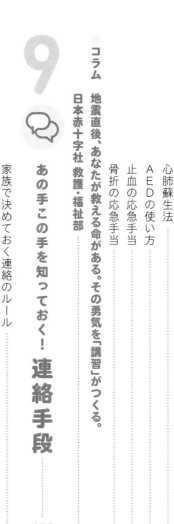

10
本当に役立つ防災グッズ 137
持ち歩き用グッズ 139
家に置いておく「在宅避難用グッズ」 141
リュックに入れておく「避難用グッズ」 142
シニア用グッズ 143
乳幼児用グッズ 144
ペット用グッズ 145
おすすめの防災グッズ 146

11
防災×イツモの暮らし 147
あいさつという防災 149
散歩という防災 150
なじみの店という防災 151
地元のお祭りという防災 152
スポーツという防災 153
アウトドアという防災 154
助け合うという防災 155

1

知ることから始める防災

KNOWLEDGE

日本という国で暮らすことは、災害と一緒に生きていくこと。

地震、台風などの風水害、火山の噴火。

そのとき大切なのは、まず「早さ」です。速度のことではなく、状況を把握してすぐ行動すること。事前に想定して備えておくこと。

そういう早さは、誰もが自分なりに高めることができる。それを可能にするのが、正しい「知識」です。正しい知識で、被害は確実に減らせる。たとえば早めに行動すれば、渋滞が起こる前に車で避難だってできます。

「でも起こらなかったら無駄な労力。そんな余裕がない」。ついそう思ってしまいそうな方には、まず、知ってほしいことがあります。


データ上、震度４以上の地震は、計測開始以来「すべての年で起きている」。風水害は「確実に増えている」。そして噴火も、再三報道されているように、「可能性が高い」。つまり、日本では災害は毎年〝必ず〟起こるのです。もはや、イツモとモシモはつながっている。雪国の人が必ず冬支度をするように、毎年、日本中が当たり前に備えるほうが自然な状況なのです。

だから安心してください。「備えは、絶対無駄にならない」。まずは基本のキ、しくみのことから知っていきましょう。

日本のまわりの4つのプレート

日本の周辺には、ユーラシア、北アメリカの陸のプレートと、フィリピン海、太平洋の海のプレートの4つがひしめき合っています※。上昇しては地表で冷やされて沈んでいくマントルの動きに合わせ、プレートも少しずつ動いています。

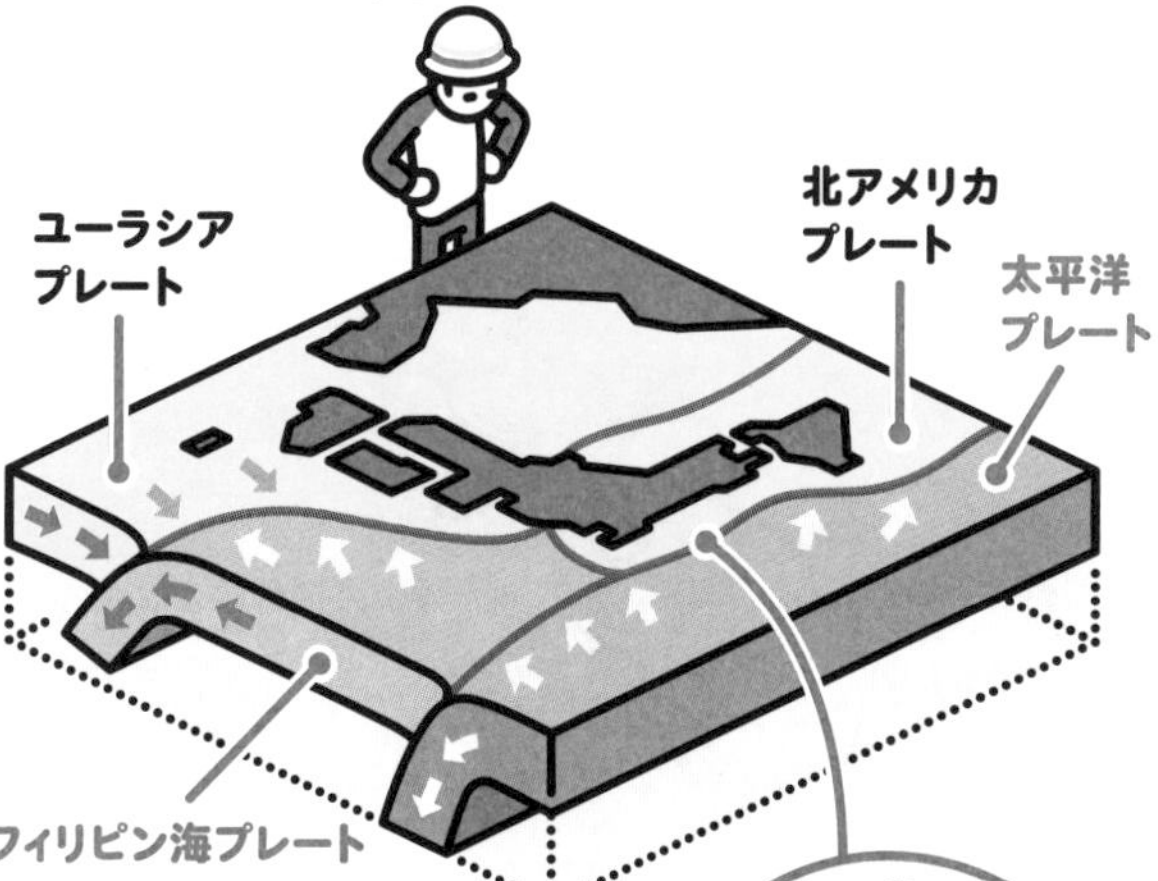

海溝《かいこう》

陸と海のプレートの境界を「海溝」といいます。ここでは重い海のプレートがマントルの動きに合わせ、陸のプレートの下にもぐりこみながら、動いています。
その動きが地震を引き起こす原因となっています。

※これらのプレートが、複数のブロックに分かれている可能性も指摘されています。

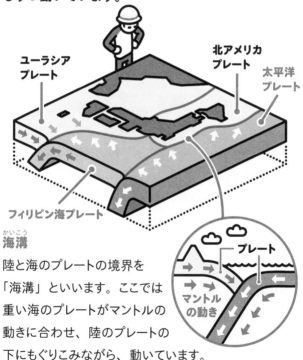

「プレート型地震」のメカニズム

プレート型地震は、数十年から数百年の間隔で発生しており、マグニチュード８クラスの巨大地震となり、大きな津波を引き起こすこともあります。

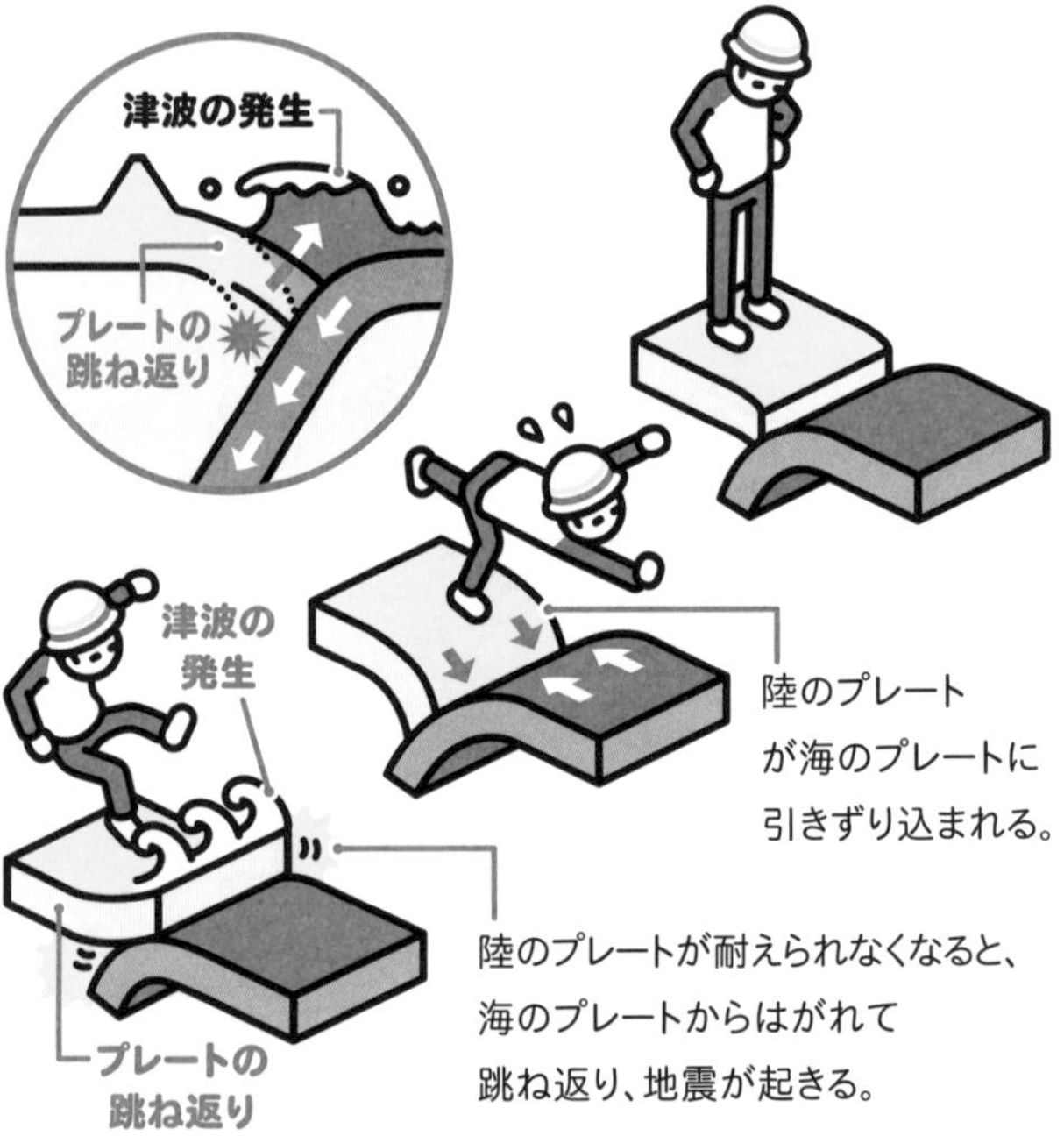

津波の発生
プレートの跳ね返り
陸のプレートが海のプレートに引きずり込まれる。
津波の発生
陸のプレートが耐えられなくなると、海のプレートからはがれて跳ね返り、地震が起きる。
プレートの跳ね返り

東日本大震災はこのタイプの地震です。

POINT

震度は、揺れの強さを震度0～7で表す日本独自のものです。そのため、どんなに強い揺れであっても震度7以上はありません。

「活断層型地震」のメカニズム

プレート型地震に比べ規模が小さい地震が多いですが、地下の浅いところで発生するため、大きな被害を伴うことがあります。

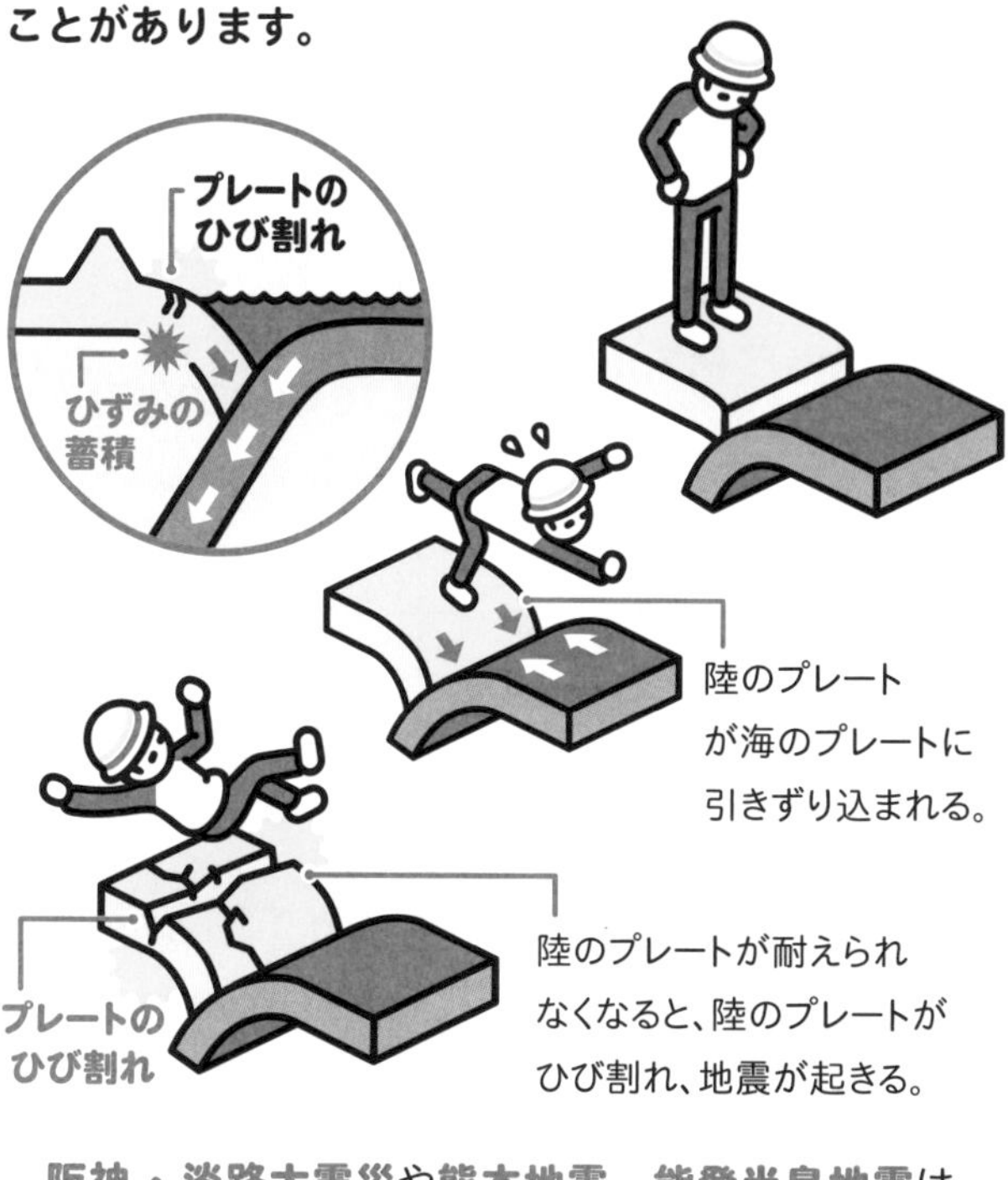

プレートのひび割れ
ひずみの蓄積
陸のプレートが海のプレートに引きずり込まれる。
陸のプレートが耐えられなくなると、陸のプレートがひび割れ、地震が起きる。
プレートのひび割れ

阪神・淡路大震災や**熊本地震**、**能登半島地震**はこのタイプの地震です。

POINT

マグニチュードは、地震そのものの大きさを表し、地球上で起こりえる最大の地震はマグニチュード10.0と言われています。

日本で起こる地震

日本で暮らす限り、地震は避けられません。とくに東海地方から九州地方まで被災する可能性がある南海トラフ巨大地震では、大きな被害が想定されています。

地震による全壊棟数と経済的被害の推計

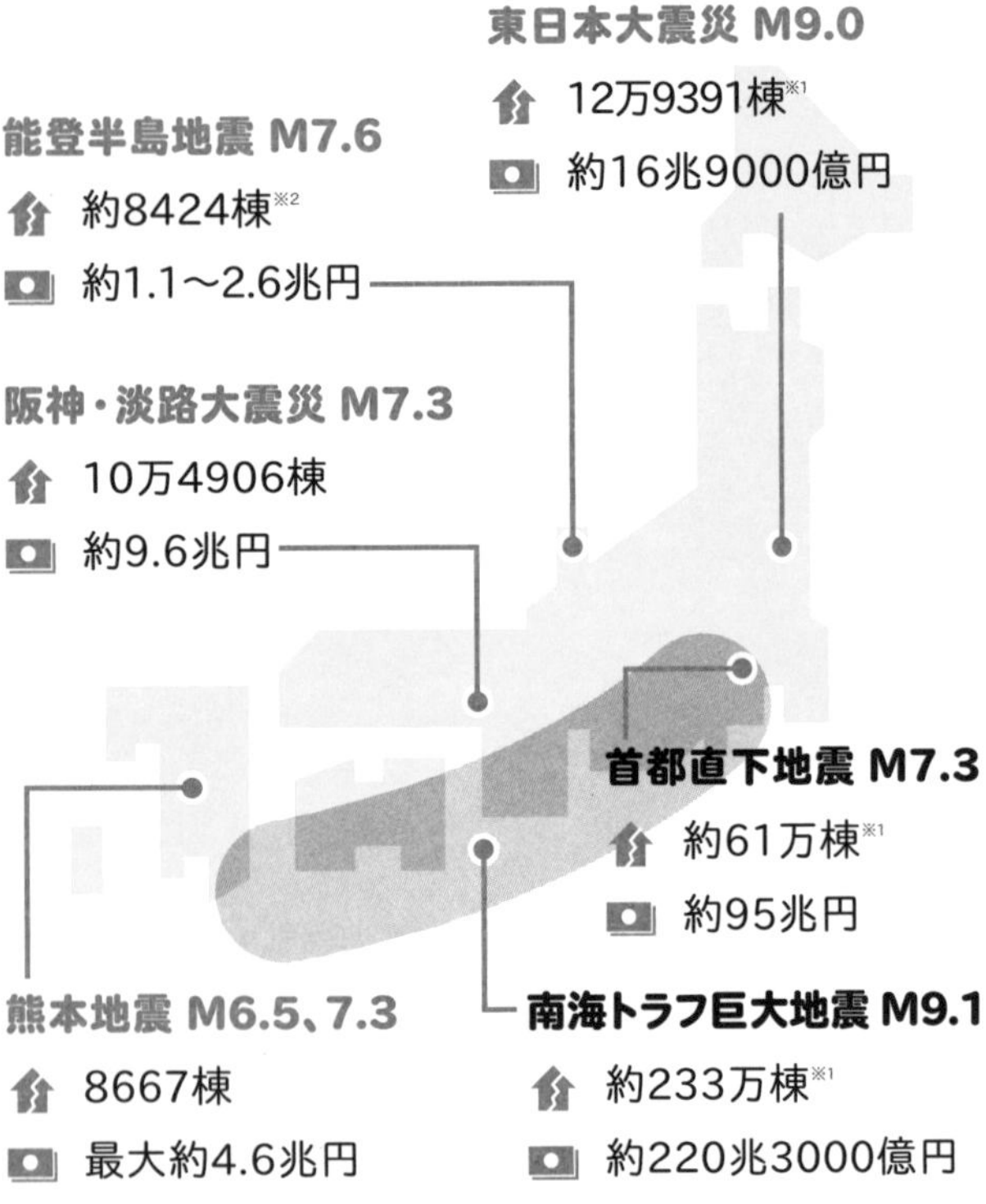

※1　揺れだけでなく津波や火災などを含めた全壊棟数

※2　2024年6月4日時点

地震から身を守るポイント

大きな揺れ（主要動）がくる前に、小さな揺れ（初期微動）がきます。大きく揺れると動けなくなると考え、小さな揺れのうちに行動できるようにしておきましょう。逃げ込む場所を事前に決めておくのが大切です。

家

家具が少ない
寝室や廊下などへ。
耐震性が低い古い家の
場合は、家の外へ。

屋外

鞄などで頭を守り、
新しい建物や
公園などへ。

電車・バス

つり革や手すりに
つかまり急停車に備える。

オフィス

ものがないエレベーター
ホールや廊下などへ。

車

前後の車を
確認し、道路の左側に
停車。揺れがおさまる
まで車内で待機。

POINT 「倒れてくるもの」「落ちてくるもの」「動いてくるもの」からできるだけ離れましょう。

液状化のメカニズム

液状化は、地震の揺れで地盤が液体のようにやわらかくなる現象です。地盤が沈下したり、地盤の上の建物が傾いたりします。海岸や川の近く、埋め立て地などが液状化しやすい土地です。住んでいる地域の液状化のリスクをハザードマップで確認しておきましょう。

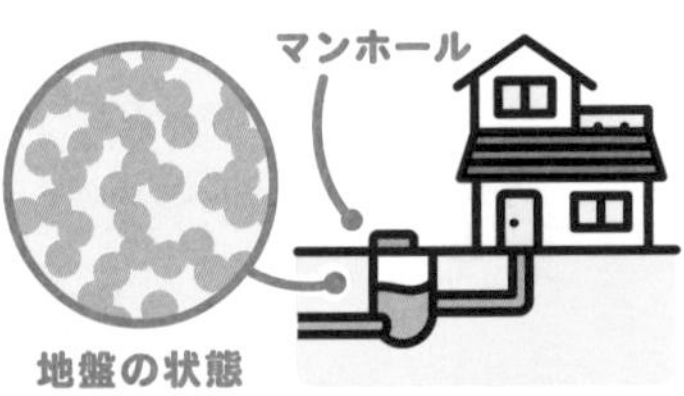

地震前

砂の粒同士が
くっついて、その間を
水が満たして
地盤を支えている。

地震中

揺れによって砂の
粒がバラバラになり、
水に浮いた状態
になる。

地震後

砂の粒は沈み、水と
離れる。ゆるくなった
地盤は沈下したり
亀裂が生まれたりする。

津波のメカニズム

下記の３つの条件が揃うと、津波が発生すると言われています。南米のように遠く離れた地域で起きた地震でも、日本に津波が到達する可能性があります。

津波発生の3つの条件

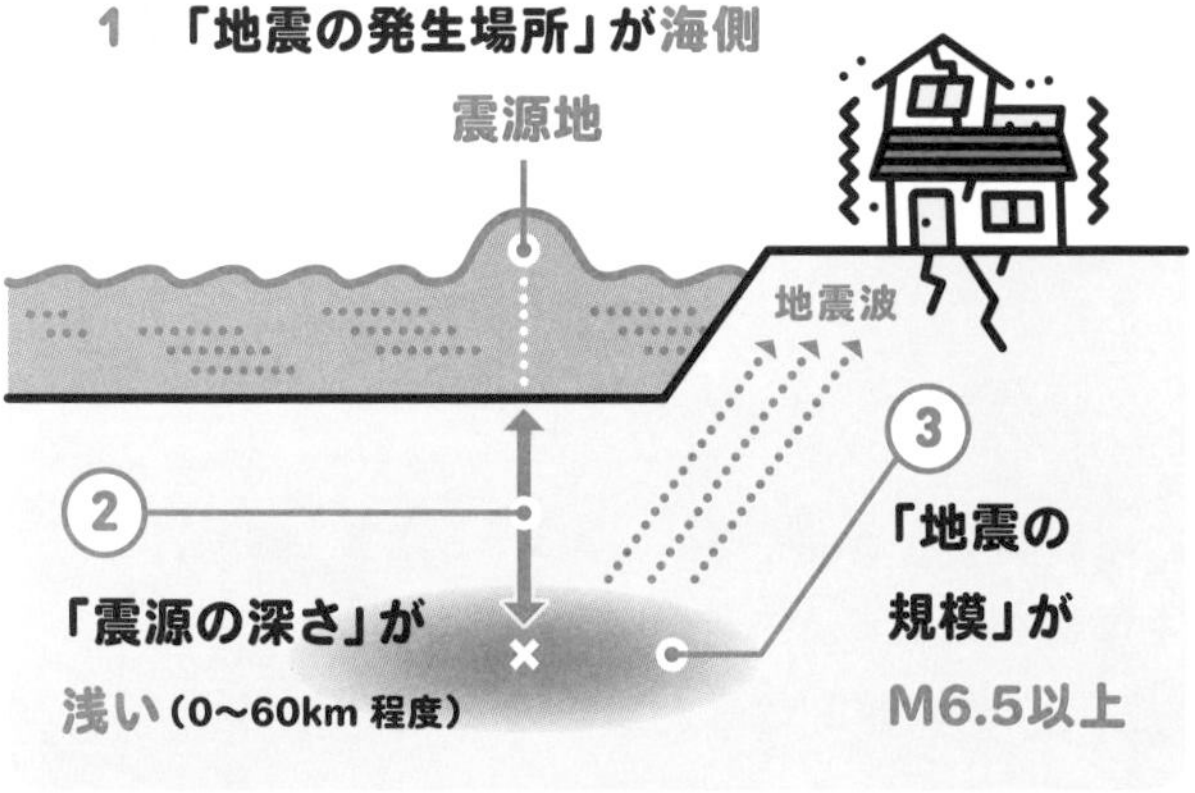

監修：防災科学技術研究所 研究主監　藤原広行さん

津波から身を守るポイント

津波は陸地に近づくと時速36kmほどの速さになると言われています。海岸で津波を見てから逃げたのでは間に合いません。早く避難することが一番です。

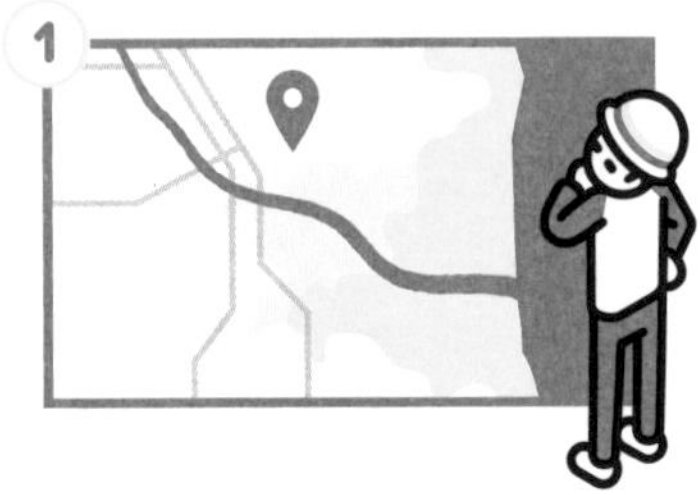

1 ハザードマップを事前に確認

ハザードマップで
住んでいる地域の
津波のリスクを確認。

2 津波警報・注意報をチェック

大津波警報、津波警報、津波
注意報が気象庁から発表される。
ただし、警報が間に合わない
可能性もあるので、強い揺れや弱くても
長い揺れを感じたときは、すぐに避難する。

3 より高い場所を目指して避難する

「遠く」よりも「高く」を
意識していち早く避難する。
津波は繰り返し襲ってくるので、
警報・注意報が解除される
までは絶対に自宅に戻らない。

火災から身を守るポイント

地震による二次災害で多いのが火災です。煙には有毒ガスが含まれているので、いかに煙を吸わずに避難できるかが重要です。

消火が無理ならすぐ逃げる

火が自分の背より高くなったら、消火は困難。小さい火でも、消火器や水でおさまる気配がなければ、無理せず逃げる。

油による火災は、水をかけると炎が拡大するので、消火器を使う。

口や鼻を覆い、姿勢を低くして逃げる

ハンカチや手などで口や鼻を覆い、煙を吸い込まないようにする。煙や炎は上にいくので、なるべく姿勢を低くして逃げる。

火山の噴火から身を守るポイント

日本には火山が多く、活火山は111あります。噴火の規模や災害の種類により、取るべき行動は違います。

火砕流《かさいりゅう》・噴石《ふんせき》・融雪型火山泥流《ゆうせつがたかざんでいりゅう》

高温の岩石や火山灰が猛スピードで流れる火砕流などは、速度が速いため、発生後に避難するのはほぼ不可能。噴火警戒レベルを調べ、火山ハザードマップで示された到達範囲外に、発生前に避難。

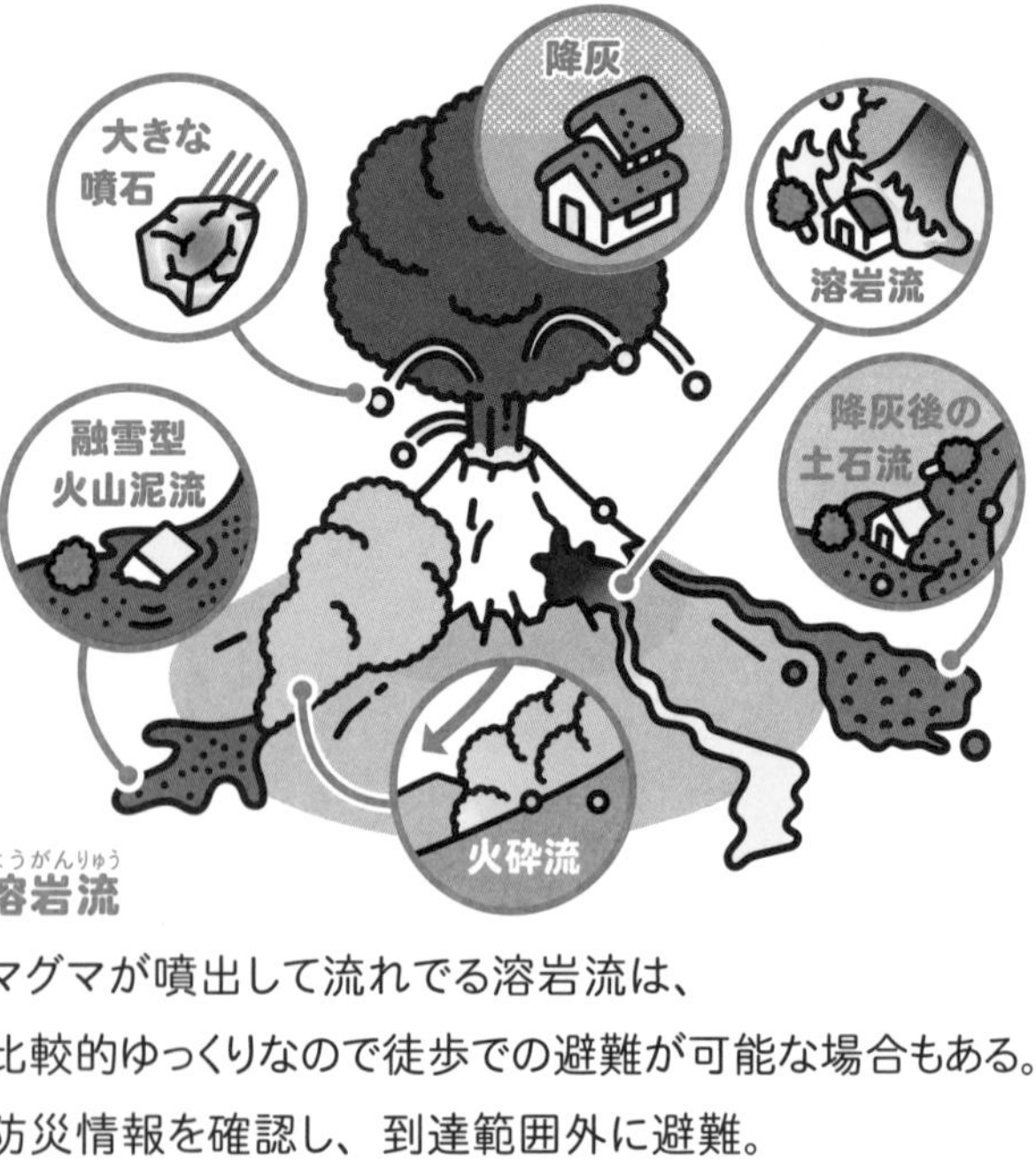

溶岩流《ようがんりゅう》

マグマが噴出して流れでる溶岩流は、比較的ゆっくりなので徒歩での避難が可能な場合もある。防災情報を確認し、到達範囲外に避難。

火山灰から身を守るポイント

火山の噴火で、最も広範囲に影響が出るのが火山灰です。数ミリでも積もると、交通機関が止まったり、停電や断水など大きな影響が出ます。また、のどや気管支、目や鼻などを傷めてしまう恐れもあります。

外出を控える

食料や水など、自宅で過ごすためのグッズを用意しておく。

屋内への火山灰の侵入を防ぐ

ドアや窓のすき間、通気口に湿ったタオルを置いたり、テープを貼ったりする。

防塵《ぼうじん》マスクやゴーグルをつける

火山灰は、溶岩が粉々に砕けた粒子のため、空気と一緒に吸い込んでしまう。マスクがない場合は、濡れたタオルを鼻や口に当てる。

定期的に積もった火山灰を除去する

軽く水をかけると作業がしやすい。

台風・豪雨の備え

毎年夏から秋にかけて日本は台風シーズンを迎えます。
短時間かつ局地的に降る集中豪雨も近年増えています。

窓に当たると危ないものは片づける

外にある植木鉢など、強風で
窓にぶつかりそうなものは、
別の場所に移動しておく。

雨戸やシャッターを閉める

暴風に備えて雨戸やシャッターを閉める。
または、窓が割れても破片が飛散しない
よう飛散防止フィルムを貼ったり、それが
難しければ、段ボールで覆ったりする。

トイレなどの逆流防止

豪雨による急激な水位の
上昇により下水が逆流し、
トイレやお風呂場、
洗濯機などの排水口から
水が噴き出てくることも。
ポリ袋に水を入れた
「水のう」を置き、
噴き出しを抑える。

「水のう」のつくり方

1. ゴミ袋を二重にし、半分ぐらい水を入れる。
2. 袋の中の空気を抜いて、口をしっかりとしばり、完成。

水害のメカニズム

洪水とは、台風による大雨などで、河川から水があふれることです。また、大雨などにより排水が間に合わず、街に水があふれることを内水氾濫と呼びます。

洪水

大雨で川の水が異常に増え、堤防が壊れたり、堤防を超えたりして水があふれる。とくに河川に近い地域はリスクが高い。

内水氾濫

短時間の局地的な大雨により、下水道や川が排水しきれず、あふれる。舗装された土地が多く、雨水が地下にしみ込みにくい市街地はリスクが高く、近年増えている。

市街地以外では、雨水の大半は地下にしみ込んだり土や緑が保水したりする。

土砂災害のメカニズム

台風や豪雨、地震などが引き金となり、土砂災害が起こることがあります。土砂災害は、がけ崩れ、地すべり、土石流の３種類があります。

がけ崩れ

大雨や地震の影響によって、地盤がゆるみ、突然斜面が崩れ落ちる。

地すべり

すべりやすい地層の上部の地盤が、雨や地下水の影響ですべり落ちる。

土石流

山腹《さんぷく》や谷底の土砂や岩石が集中豪雨によって一気に下流に押し出される。

水害・土砂災害から身を守るポイント

地震と違い、水害や土砂災害は事前に予測できます。早めに行動することで被害を軽減することができます。

1 ハザードマップを事前に確認

洪水や土砂災害のハザードマップで、住んでいる地域の浸水や土砂災害のリスクを確認。

2 台風や豪雨の予報が出たら、警戒レベルをチェック

気象庁が出す防災気象情報（警報・注意報など）と市町村が出す避難情報で、5段階に分かれた警戒レベルをチェック。

3 早めに避難する

高齢者や障がいのある方など避難に時間を要する方は警戒レベル3で避難。
警戒レベル4が出たら全員避難する。 家のまわりが浸水すると外に出るほうが危険になるので、そうなる前に避難する。

水害・土砂災害の避難のポイント

台風や豪雨の際には、防災気象情報（警報・注意報など）や避難情報を必ず確認し、避難に適した格好で、早めに避難しましょう。

川には近づかない

夜の避難は危険、明るいうちに

歩ける水深は膝くらいまで

隣近所で声をかけあい、二人以上で

長靴より脱げにくい運動靴を履く

避難の装備としてヘルメット、軍手、長袖・長ズボン

長い棒を杖にしながら歩く

切れた電線は危険なので近づかない

土石流の場合直角に逃げる

竜巻から身を守るポイント

積乱雲によって発生し、予測することが難しいのが竜巻です。ただ、急に暗くなる、ひょうが降ってくる、冷たい風が吹いてくる、雷の音が聞こえるなどの変化を感じたら、積乱雲が近づいているきざしです。

屋内

- 雨戸やシャッターを閉める
- １階や地下に避難し、窓から離れる
- 窓のない部屋に避難する
- 頑丈な机の下に入り、両腕で頭を守る

屋外

- 頑丈な建物へ避難する
- 樹木や電柱、プレハブ小屋などには近づかない
- 間に合わないときは、水路やくぼみに身をふせ、両腕で頭を守る
- 車の運転中なら、降りて頑丈な建物のすき間に隠れる

おすすめのアプリ

安全な行動をとるために、正しい情報を得ることが大切です。災害時にはじめて使うのではなく、日常使いしやすいものがおすすめです。

NHKニュース・防災

地震、台風、大雨などの防災気象情報のほか、洪水や土砂災害のハザードマップも確認できる。NHKニュースの同時放送もあり、総合的な情報を得ることができる。

iPhone　Android

Yahoo!防災速報

地震、台風、大雨などの防災気象情報や避難情報などをプッシュ通知で知らせてくれる。洪水や土砂災害などのハザードマップも確認できる。

iPhone　Android

Yahoo!天気

台風、大雨などの防災気象情報を確認できる。Yahoo!防災速報との併用がおすすめ。

iPhone　Android

2

最初に確認しよう！

家の安全

SAFETY OF
THE HOUSE

家を避難所にすることは、自分と家族と、地域を守ること。

避難先、決まっていますか？

「避難所だけはわかる」という方は、ちょっとご注意。

昨今、避難所については、衛生問題、栄養問題、心理的ストレス、感染症など、さまざまなリスクも知られるようになりました。

さらに今懸念されているのが、深刻なキャパシティ問題のこと。南海トラフ巨大地震が発生した場合の想定避難者数は、約８８０万人。首都直下地震は約７００万人。ちなみに東日本大震災では47万人でした。とくに東京で、避難所がどれだけ狭き門か、わかりますよね。

そこで選択肢になるのが、家で避難生活を送る「在宅避難」です。家が難しい場合は、車中やテントも手。

各自の拠点で過ごし、避難所は、「情報や配給の基点」として使う。これがこれからのスタンダードになるかもしれません。

できる人たちが在宅避難を選べば、避難所が絶対に必要な人にゆとりができる。地域の誰かのことも、助けてあげられるのです。

そこで必要なのは十分な備え。家を頼れる拠点にするために、できることを紹介します。

ハザードマップを確認しよう

「ハザードマップポータルサイト」に住所を入力すると洪水や土砂災害などのリスクを確認できます。区域外であっても、絶対に安全とは言えないので状況に応じて判断しましょう。

1 家がある場所に色が塗られていなければ在宅避難できる可能性大

▲洪水ハザードマップ

「洪水浸水想定区域」には色がついている（浸水深により色が違う）。

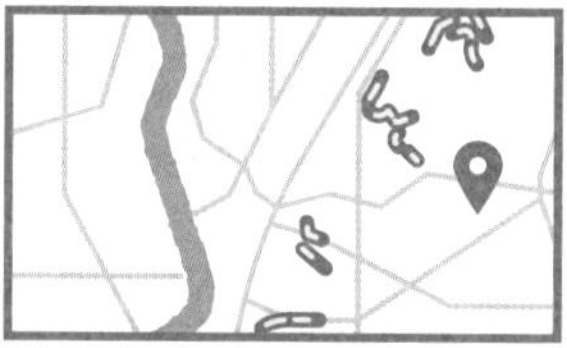

▲土砂災害ハザードマップ

「土砂災害警戒区域・特別警戒区域」には色がついている（危険度により色が違う）。

2 色が塗られていても、次の3つの条件に当てはまっていれば在宅避難できる可能性大

▲ハザードマップポータルサイト

1. **「家屋倒壊等氾濫想定区域」**に入っていない
2. 浸水する深さよりも高いところに住んでいる。→**「浸水深」**を確認
3. 水が引くまで、食料などの備えが十分にある。→**「浸水継続時間」**を確認

ハザードマップに「家屋倒壊等氾濫想定区域」や「浸水継続時間」の記載がない場合は、市区町村に確認しましょう。

複数の避難先を想定しよう

在宅避難ができないときは、状況に応じてより安全な行動を選択できるよう、複数の避難先を想定しておきましょう。

1 まず危険を回避する

指定緊急避難場所

危険度の高い場所にいる場合は、原則として市区町村が指定した「緊急避難場所」へ避難する。

近隣の安全な場所

既に浸水が始まっていて移動が危険なときは、3階建て以上の強固な建物や小高い場所などに避難する。

親戚・知人の家

「親戚・知人の家」が安全な場所にあればそこへ避難する。

2 状況が落ち着いたら滞在場所へ移動する

避難所　自宅が被災し住めない場合は「避難所」に滞在する。

車　安全な場所に車を停め、車中生活を送る。

親戚・知人の家　長期滞在が可能であれば、親戚・知人宅に滞在する。

テント　安全な場所にテントを張り、テント生活を送る。

知っておきたい耐震基準

建築基準法とは、人の命を守るために最低限の基準を定めたもので、1981年と2000年に大きく変わりました。2000年の基準で建てられているかが、建物の安全性をチェックするひとつの目安になります。

1981年5月以前
旧耐震基準

震度5強程度の揺れでも建物が倒壊せず、破損したとしても補修することで生活が可能な構造基準として設定されている。

1981年6月以降
新耐震基準

震度6強〜7に達する規模の大地震に対しても、建築物に重大な損傷がなく、倒壊しないことが目標。

2000年6月以降
新耐震基準
(2000年基準)

阪神・淡路大震災を受け、木造住宅に関する仕様規定が大幅に強化された。

能登半島地震を受け、政府は、「2000年基準」の妥当性について検証を進めており、24年秋ごろに検討結果をとりまとめる方針です。それまでは「2000年基準」をクリアしているかに加え、専門機関に依頼して耐震診断を受けるなど、自宅の耐震について確認しておきましょう。

家の耐震を調べてみる

生活の場を安全にすることが、防災の基本です。まずは市町村に問い合わせて、自宅の耐震チェックをしてみましょう。建物の耐震化には、いくつかの方法があります。

屋根を軽くする

新しい壁を増やしバランスを改善する

引き抜け防止用の金物で土台と柱を固定する

壁を増やす、筋《すじ》交《か》いなどで壁を補強する

新しい基礎を入れ古い基礎とつないで補強する

柱や土台、梁《はり》などが腐《ふ》朽《きゅう》している場合は取り替える

POINT 家全体の耐震化が難しい場合、まずは寝室など一部屋だけ耐震を強化しておくという選択肢もあります。

車中泊の事前準備

安全な場所で車中生活を送ることも選択肢のひとつ。車は装備や工夫で快適な居住空間になると同時に、ケガ人や物資を運ぶときにも活躍する災害時の強い味方です。

安全な場所を確保

普段の駐車場所は安全か、気になる点があれば、事前に対策を講じておく。

フルフラットになるか確認

フルフラットにならない場合は、段差やすき間を埋めるクッションやタオルを積んでおく。

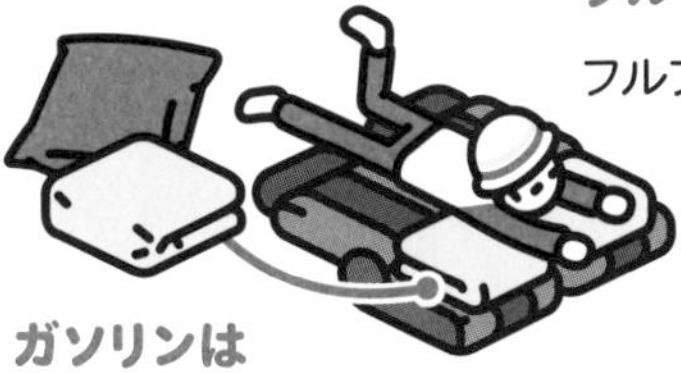

ガソリンは常に半分以上をキープ

災害時はガソリンが不足し補給困難に。「半分以下になったら給油する」という習慣を身につけておく。

鍵は安全な場所に

地震の揺れで飛んだり落ちたりしない場所に鍵を置いておく。

ふた付きのキーボックスなど

POINT

自分の車や駐車場所と照らし合わせながら、事前に準備をしておきましょう。

取材協力（P.39～41）：CarLife Japan代表・一般社団法人日本カーツーリズム推進協会　事務局長　野瀬勇一郎さん

車中泊の基礎知識

事前に試しておくと、より快適な車中生活を送る準備ができます。車中泊を試す場合は、快適に過ごせる春や秋がおすすめです。

車内の温度を快適に

夏は風通しが良いところや日陰に駐車する。車用の日傘などの活用も有効。冬は日の当たる場所に。

プライベート空間を確保

窓に新聞紙を貼ったり、ひもで服やシート、タオルを吊るして目隠しにする工夫を。

アイドリングストップ

アイドリングストップが基本。やむを得ずエンジンをかける場合は、マフラーが雪に埋もれて起こる「一酸化炭素中毒」に注意を。

エコノミークラス症候群の予防

定期的に適度な運動を。血管が詰まるリスクを下げる弾性ストッキングも有効。

POINT エンジン停止中の長時間点灯で、バッテリーが上がり、車が動かなくなることがあるので注意しましょう。

車中泊のおすすめグッズ

車はテレビ、ラジオ、ライト、電源などが標準装備されているほか、グッズを置いておけます。汎用性《はんようせい》の高い日用品を普段から車に積んでおきましょう。

クッション、タオル

段差やすき間を埋め、就寝時に体を平らに。

レジャーシート

窓に貼り日差しや視線を遮断《しゃだん》する。

洗濯ひも、テープ

車内での衣類整理など。

カーチャージャー

複数口の車載用充電器が便利。

アイマスク、耳栓

就寝時、光や音が気になるときに。

銀マット

目隠し、断熱、マットなど多目的に。

携帯トイレ

トイレが使えないときのために。

ウェットティッシュ

清潔な環境を保つために。

ライト

車内の照明に必須。電池も忘れずに。

POINT マスクやアルコール除菌剤など、感染対策グッズも準備しておきましょう。

テント泊の場所の選び方

庭や公園などでテント生活を送ることも選択肢のひとつです。普段からテントが設置できそうな場所を探したり、休日にキャンプに出掛けたりしてみましょう。

夜間に明るすぎない

街灯の光が明るすぎることがあるので注意。

水源や避難所が近くにある

情報や物資が集まる場所に出入りし、孤立しないように。

平坦な土地

ペグ（テントの杭）を打てる土や芝がおすすめ。水はけが悪い場所は避ける。

高い建物から離れる

建物倒壊の危険やビル風などの影響がない場所がおすすめ。

POINT

- 災害時は刻一刻と状況が変わります。臨機応変にテントの場所を移動できるようにしましょう。
- テントは案外声が漏れるので、大声での会話は控えましょう。

取材協力（P.42〜44）：無印良品キャンプ場

テント泊のアイテムの選び方

避難生活の長期化を視野に入れて、家族がゆったり過ごせる大きさのテントを準備しておきましょう。どれを買えばいいのか迷ってしまう場合は、詳しい人に相談したり、レンタルで試しながら自分好みのアイテムを見つけましょう。

テント

- 自立型
- 家族の人数に合ったもの。
  テントは人数表記に注意。
  4人家族ならば、
  5〜6人用がおすすめ
- 初心者はポリエステルや
  ナイロン製のものがおすすめ
- 入口は風下側に

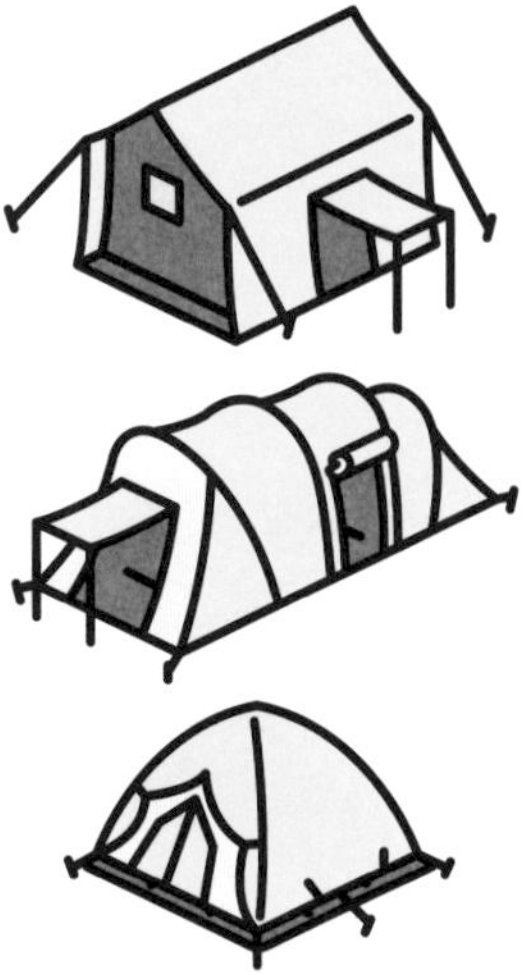

グランドシート　2枚

- 地面からの熱や湿気を遮断
- 水の侵入を防ぐ

寝袋

- 真冬を想定したもの
- 良いものを長く使う

テント泊のおすすめグッズ

キャンプ用品を買いそろえる必要はありません。家にあるものをどう持ち出すか、どう工夫して活用するかが大切です。

ライト
夜にテントから
離れたところに
置いて虫よけにも。

ポータブル電源
発電&充電用の
ソーラーパネルを
セットで。

ライター・マッチ
いろいろなタイプの
ものをバラバラに
収納しておく。

水を入れるもの
小さくたためる
タイプがおすすめ。

カセットコンロ
ケース付きの
コンパクトなものを。

魔法瓶水筒
保温・保冷機能に
優れたものを。

クーラーボックス
食材の保管用のほか、
椅子としても活用。

ラップ
食器にかぶせ水を
節約。ロングタイプ
がおすすめ。

レジャーシート
雨除けやタープ
（屋根として使う布）
などに。

POINT　季節に合わせて、湯たんぽや虫よけも準備しましょう。

COLUMN

避難所にできる家を持つ。
そのつくり方、見つけ方、直し方。

お話をきいた人　**東京ガスリノベーション株式会社 CS推進部**

災害から身を守り、その後の生活を自宅で送るために、何よりもまず大切なのは、家というそもそものハコが、安全かどうかです。

新築で建てる場合と、中古住宅・リフォームで家を見つける場合の注意点について、耐震リフォームなどに詳しい東京ガスリノベーションに聞きました。

「まず新築の場合は比較的簡単で、『長期優良住宅』の認定を受けた家か、『フラット35』の技術基準に則った仕様にすること。建て売りでも注文住宅でも、まずこの二つのどちらかを満たすよう、希望を住宅メーカーや工務店に伝えるといいでしょう」

「長期優良住宅」は国が施行《しこう》した制度で、長期にわたって良好な状態で使用できることを認定した住宅です。「フラット35」は金融機関が専門の機構と提携して扱う住宅ローンで、民間のローンとは違い、断熱性や耐久性も含めて安心できる住まいの技術基準を定め、第三者機関による物件検査で安全をチェックしているので安心です。ただ、中古住宅・リフォームはこういった統一された基準がなく、個々のチェックが大変そうですが……

「大丈夫、中古住宅については、現地調査で安全性のチェックをする『既存住宅状況調査技術者』というプロがいるんです。建築士しか取れない国の資格です。気になる家を見つけたら、調査技術者を『住宅瑕疵《かし》担保責任保険協会』の公式サイトから探してみてください」

最初の物件探しにあたっては、まず自分でチェックできる点を押さえておきましょう。耐震性については、中古住宅の「確認申請書類」と「検査済証」を確認すること。

「確認申請書類は、建築基準を踏まえて、役所に『この場所にこういうものを建てます』と申請する書類。検査済証は、建物が法令に適合していることを役所が証明する書類です。１９８１年６月、２０００年６月に、耐震基準が改正されているので、この建築年が耐震強度の見きわめの目安。中古物件を買うときは、売り主さんにこれらの書類があるか、必ず確認しましょう。賃貸物件の場合は、不動産業者に建築時期をまずは聞いてみて」

ただしひとつ注意も。熊本地震や能登半島地震では、新耐震基準の建物でも、木造家屋には倒壊などの被害が出ています。日本建築学会は、「基準にとらわれず、耐震性能をさらに高めること」の必要性を説いています。

一方、台風や豪雨などの風水害に強いかどうかは、立地や家のつくりをまず確かめること。自治体の防災マップで土砂災害警戒区域や、洪水が起こった際の浸水想定区域に入っていないかどうかが第一。第二が、家のつくり。この二つはリフォームで改善とはいかない点なので、まず最初に注意しておかなくてはなりません。

「家のつくりで避けたほうがいいのは、基礎が低い家。浸水などを考えると、地面から土台までの高さが40センチはほしいです。それと、半地下の駐車場。駐車場がこのタイプの場合は、排水ポンプがあるか、適切に作動するか、耐用年数は十分か確認してください」

できるだけ安全な条件をチェックして家を決めたら、次は安全性を高めるリフォーム。ただリフォーム業者をすぐ探すのではなく、その前にやっておくことがあります。

「まず役所へ相談です。耐震など安全に関わるリフォームに対しては助成制度も多いのですが、契約や工事着手前の申請が必要で、施工業者が指定されている場合も。時期や自治体によっても内容が違い、種類も多いので、まずは直接相談が簡単です」

助成のチェック後、業者に依頼して診断や調査を行い、リフォーム内容を決めます。

「リフォームはまとめて行うほうが予算を抑えられます。制度によっては、全体の解体費用も助成の対象になります。風水害対策としては、雨戸やシャッターの設置、窓からの水漏れを防ぐシーリング打ち換え、バルコニーや屋上の防水などがありますね。耐震リフォームは、『壁の強化』『柱の引き抜け防止（ホールダウン金物の取り付け等）』『建物の重さと強さのバランス改良』『耐震補強と制振装置の設置』など。耐震診断は6～10万円程度です」

もちろんこれらのリフォームは、今住んでいる家にも可能。避難所にできる家をつくる、そのためのさまざまな方法と支援があります。まずは家を知ることも、大きな出発点です。

3

小さな工夫で
大きな効果！

家具の転倒防止

SAFETY OF
FURNITURE

家具を守ると、家族も守れる。その家具を「凶器」から「味方」に。

家具なんて重いもの、倒れなそう。そう思う人が、多いようです。でも大地震では、家具は驚くほど動き、おそろしい勢いで飛んできて、あなたや家族を襲います。対策をしておくことで、揺れがおさまるまで命の危険を感じることなく待ち、すぐ次の行動に移れます。この被災直後の動きは、津波や火災など次に起こる被害から身を守る転換点。家具対策は、そこを左右する意味でも、重要な部分です。

さらに在宅避難という選択肢を加えたとき、「被災後、そこで生活できるか」にも大きく関わります。土地にこだわり、耐震性の高い家を買っても、家具が倒れれば、生活に必要なスペースは確保できません。壊れたものであふれれば、在宅避難どころか家は負担になるだけ。ケガをしないためだけでなく、家具の対策は、避難生活のキーにもなるのです。

だから今こそ、家具の対策について、もう一度考えてみましょう。

転倒防止対策はもちろん、たとえば配置を考え直すだけでも大きい。ひとつの対策が、いくつもの安全につながる、それが家具の、防災なのです。

家具転倒防止グッズの効果

単独使用で最も効果が高いのはL型金具ですが、「ポール式」と「マット式もしくはストッパー式」を組み合わせて使用すれば、同じような効果が出せます。

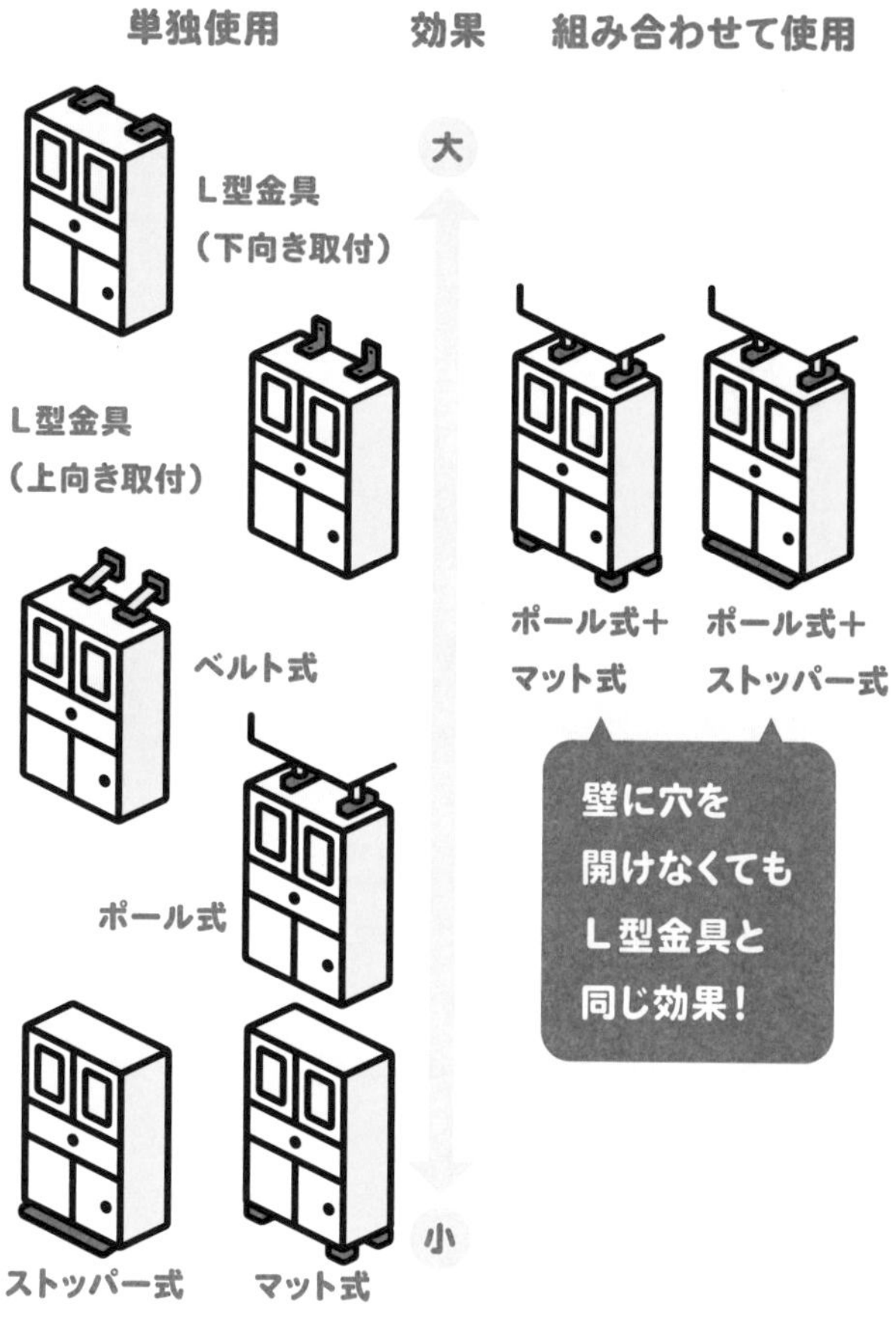

転倒防止グッズを取り付けるポイント

家具転倒防止グッズは、取り付ける際のポイントがあります。それぞれ正しいやり方で取り付けましょう。

L型金具

壁の下地材《したじざい》に取り付ける。もしくは横板を下地材に固定し、その板に取り付ける。下地材の位置は、市販の探知機等で探す。穴をあけず設置できる器具もある。

下地材
（壁の裏にある柱）

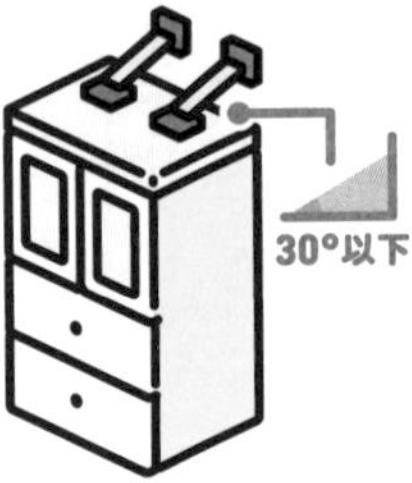

ベルト式

壁と家具を強粘着シールで固定。一般的な壁であればほぼ問題ないが、凹凸の激しい壁などは、効果が得られないことも。

ポール式

家具の両端、壁側（奥側）へ設置。天井に強度がない場合には、厚めの板を天井と器具の間に挟む。

棚の端から
3cm 程度
あける。

ストッパー式

家具の幅に合わせてカットし、前下部に挟み込む。

マット式

四隅に貼る。耐荷重があるので購入時に注意を。

身近なものを活用する転倒防止策

段ボール箱と滑り止めシートなど身近なものを使って組み合わせても、L型金具（上向き取付）と同じ効果を出すことができます。

段ボール箱ですき間を埋める

箱とタンスの間に
粘着マットなどを挟み、
一体化させる。
天井と箱のすき間は
2cm以内にする。

＋

滑り止めシートを敷く

地震の揺れで家具が
前に滑り出ないようにする。

＝

L型金具（上向き取付）と同等の効果

リビングの安全対策

家具だけでなく、テレビや本棚などもしっかり固定しましょう。吊り下げ式の照明は、振り子のように揺れて落下する恐れがあるため、天井直付《じかづけ》式の照明がおすすめです。

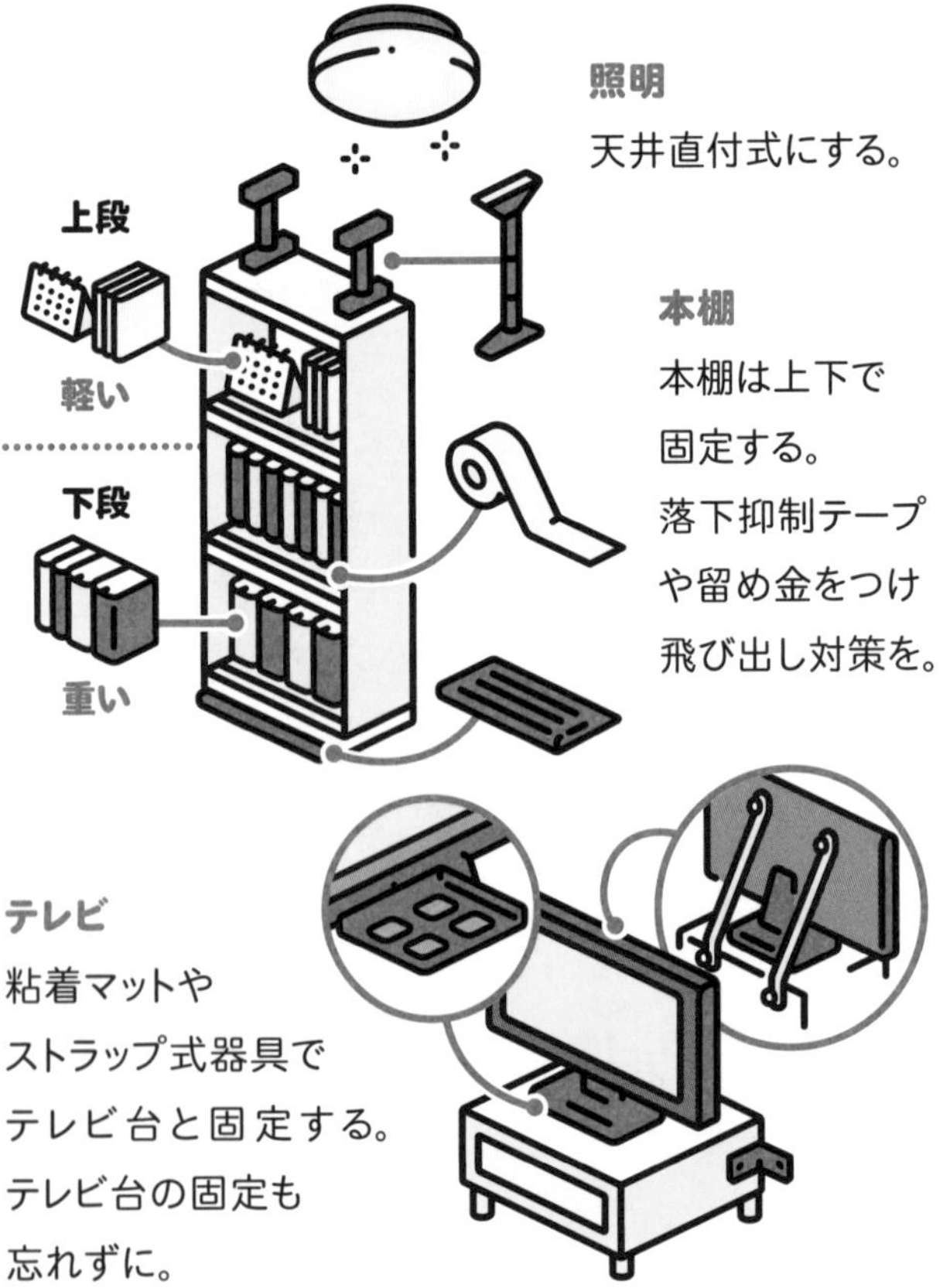

キッチンの安全対策

食器棚が倒れたり、開き戸や引き出しから食器が飛び出したりすると、多くの食器が割れ、床に刃物が散らばっているような状態になります。

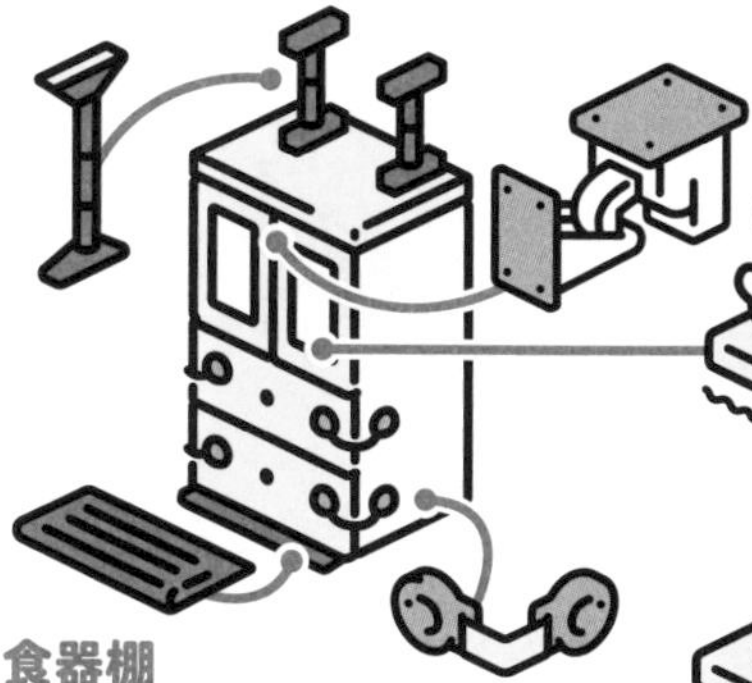

食器棚

食器棚を上下で固定し、
開き戸・引き出しに
飛び出し防止器具を設置。

中の棚には滑り止め
シートを敷き、
食器の落下防止を。

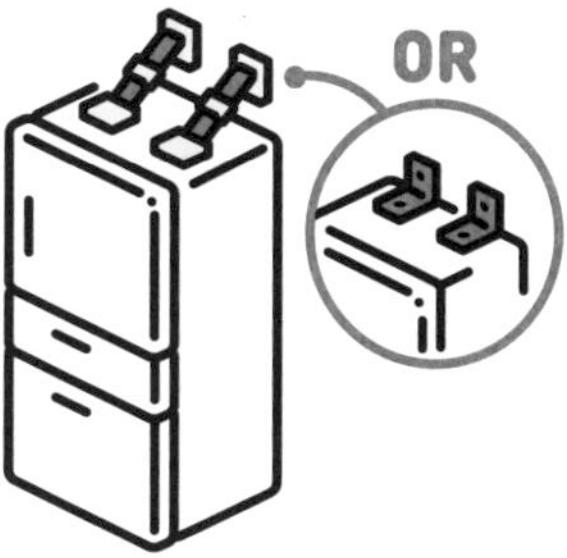

冷蔵庫

専用の金具や圧着式
固定器具で冷蔵庫の
上部と壁を固定。

寝室などの安全対策

寝室には家具を置かず、地震のときに逃げ込む場所とするのがおすすめです。他の部屋も、家具の配置を見直したり、危険なものを取り除いたりしておきましょう。

配置の工夫

家具は扉の前やベッドの上に倒れない向きに配置する。

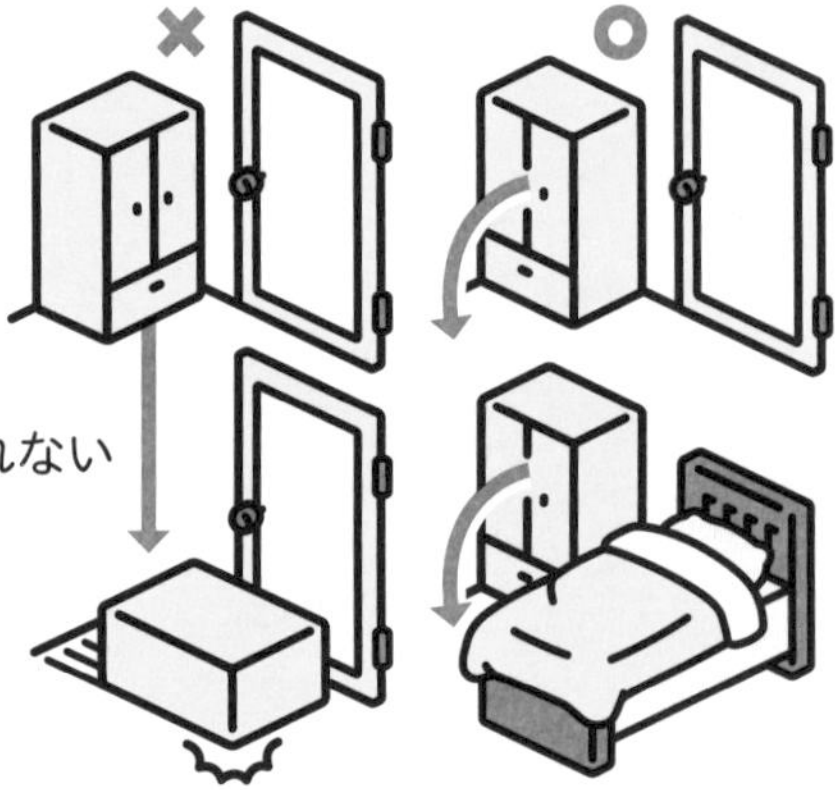

棚の上の置物

落ちてくると危険なものは置かないようにする。

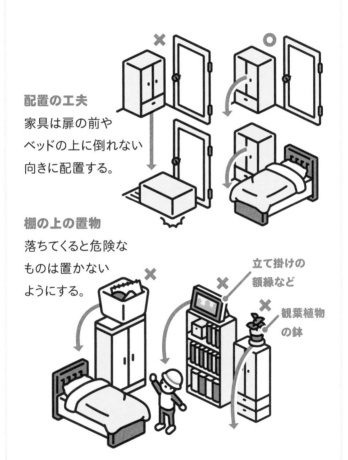

おすすめの家具転倒防止用グッズ

おすすめの家具転倒防止用グッズを紹介します。ぜひ購入して、家具の転倒防止対策をしましょう。「いつかやろう」ではなく「今やろう」です。

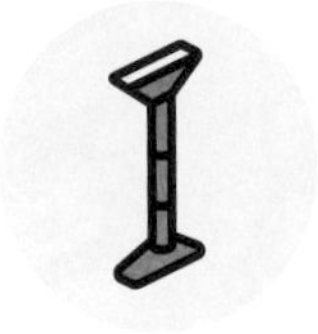

Amazon

楽天

各商品の機能を保証するものではないことをご了承ください。

割れないガラスはない

地震や台風でガラスが割れるのは、揺れや強風が直接の原因ではなく、ものが当たって割れることがほとんどです。家具の配置を見直したり、カーテンで飛散防止をしましょう。

昼間は薄いレース、夜間はカーテンを引いておく。

倒れても窓ガラスに当たらない位置に。

植木鉢などを窓に当たらない位置に移動。

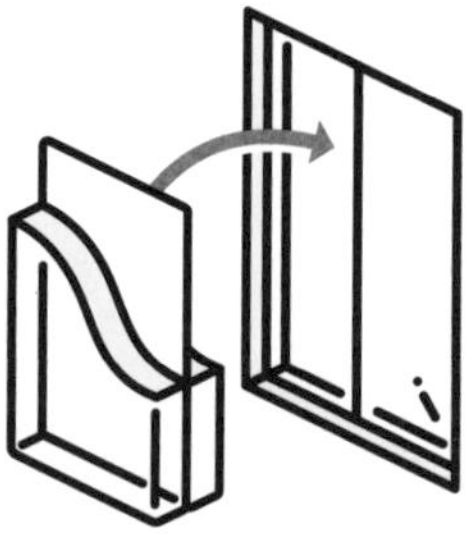

「合わせガラス」など安全性に優れたガラスに替える。

COLUMN

そのガラスを凶器にしない。ポイントは「割れかた」と「割れたあと」。

お話をきいた人　AGC株式会社

「割れないガラスは、つくれません」

災害を想定した商品開発をし、ガラスメーカーの視点から防災知識の発信も行うAGCは、そう断言します。ガラスの性質上それは避けられないのです。

「では何を考えるか。それは、割れたあとを、どこまで安全にできるかです」

まず、建物の窓ガラスは、台風や竜巻による強風には耐えるよう強度設計されています。割れる原因の大半は、石や枝など、暴風による多くの飛来物。飛来物で窓ガラスや屋根、壁などが破損すると、その破片がさらなる飛来物になるという被害のスパイラルも生まれます。

「地震の場合でも、揺れ自体ではなく、揺れで飛んでくる家具や飛来物によってガラスが割れていました。小石程度でも甘く見てはいけません。衝撃実験によると、手のひらに載る80グラムの瓦ひとつでも、風速60メートル程度でぶつかれば、普通の一枚ガラスは一面こなごなになる。この破片をつくらないことが、まず一歩ではないでしょうか」

マンションなどに多い「網入板ガラス」は破片が飛び散りにくいといわれます。また、「強化ガラス」も強度は高いですが、これらは災害対策としてはどうでしょうか。

「実は、網入板ガラスは普通のガラスより割れやすいんです。そもそも防火目的のガラスで、飛来物が強く当たると網も貫通してしまうんですね。強化ガラスは、破片が粒状で大ケガは防げる一方、一気に崩れ落ちるのが問題なんです。風雨《ふうう》がしのげなくなってしまいますから」

すぐ修理もできない災害時、在宅避難を可能にするには、窓の維持も必要です。ケガをせず、割れてもしばらく生活が継続でき、被害を広げない。それを可能にするガラスとしてＡＧＣがすすめているのが、「合わせガラス」です。

「『合わせガラス』は、割れにくいのはもちろん、割れたあとの安全を考えたときに最適なガラスです。強靱《きょうじん》で柔軟な特殊フィルムを2枚のガラスで挟んだ構造で、飛来物は貫通せず、割れた破片は飛散しないだけでなく、脱落もしません」

このようなガラスを窓に使い、さらに室内の家具の転倒・落下対策をしておけば、家の中は、台風や地震などさまざまな災害に対応できる〝シェルター〟になる（耐震構造の建築であることが前提）。そんな使い方を提案しています。

「一室でもそういう場所があると安心です。家具が少ない寝室の窓だけ合わせガラスにし、風雨が入りにくい場所や戸棚のガラスには飛散防止フィルムを貼るなど使い分けても」

災害時のガラスを、味方にしておく。それは在宅避難の大切なポイントになりそうです。

CHECK 4種類のガラスの比較

ガラスにものがぶつかったときの状況	破損した場合の人体への影響	破損後の状態
フロート板ガラス 一般的なガラス。強い衝撃では衝撃物は貫通し、鋭利なガラス片が脱落し、飛散。	×	×
網入板ガラス 破片の飛散は、ある程度防止できるが、強い衝撃では衝撃物が網を破り、貫通してしまう。	△	△
強化ガラス 強度は、フロート板ガラスの約3倍だが、破損すると衝撃物は貫通する。しかし、破片は細かい粒状になり、大きな損害事故を減少させる。	○	×
合わせガラス 特殊フィルムは、ガラスに強力に接着しているため、万一のガラス破損時も、破片の飛散を最小限に抑え、サッシからの脱落もしにくくなる。	◎	◎

4

サバイバル×
電気＆ガス

ELECTRICITY & GAS

電気とガスが止まった。そのとき命綱をつなぐのは、自分です。

電気・ガス・水道は、「ライフライン」、つまり「命綱」。災害はこれを断ち切り、そして経験したことのない生活が始まります。

でもなす術《すべ》はあります。想定される被害を知ったり、復旧までの道のりをシミュレーションしておくと、経験はなくても「想像済みの生活」にすることができる。それが被災した後の心の持ちようや動き方を変えてくれます。

たとえば「停電によって、思わぬところが使えなくなった」ケースの話をしてみましょう。

ある台風の襲来後、いくつかの高層マンションが長期断水しました。水道管や水道局に被害がなかったのに、です。これは、各戸に水を運ぶためのポンプが、停電で動かなくなったから。台風による停電は地震より起きやすいにもかかわらず、そのしくみを知らない人が多く混乱も起きたそう。知っていれば、携帯トイレや水など断水用の備蓄をしていたかもしれません。

今は、ＩＨや水栓《すいせん》（蛇口）など、家や施設のさまざまなものが、想像以上に電気で管理されています。テクノロジーが進化すれば、ライフラインの姿も変わる。最新事情を知ることも、命綱を確かにつなぐ一手です。

明かりがあると安心

災害時、明かりがあるだけで安心感がまるで違います。1カ所のみを照らす懐中電灯よりも、まわりを広く照らすランタンがおすすめです。

家の照明にはランタン

ランタンであれば周辺を広く照らせる。リビング、キッチン、トイレの3カ所に置いておく。

自分用の明かりはヘッドライト

災害時は両手を使う場面が多い。外出用に、ヘッドライトは1人1個用意しておく。

カセットボンベ使用の自家発電機

カセットボンベを燃料とするものもあり、携帯電話の充電や、テレビ、暖房器具などに使用できる※。

※屋内での使用が禁止されている製品もあります。

電気による二次災害を防ぐには

電気による火災や感電を防ぐために、災害直後と避難の際は、次のことに注意しましょう。

1　使用中の電気器具のスイッチを切り、プラグを抜く

アイロン、ドライヤー、トースターなどの熱器具は、火事の原因になりやすいので、すぐにスイッチを切り、プラグをコンセントから抜く。

2　避難するときはブレーカーを切る

電気器具のスイッチの切り忘れによる火事や事故を防ぐため、必ずブレーカーを切る。

3　切れた電線には触らない

切れてたれ下がった電線には、絶対に手を触れないようにする。電線に、木や看板、アンテナなどが触れている場合はたいへん危険。電力会社へ連絡を。

4　壊れたり、水につかった電気器具は使わない

壊れたり、水につかった電気器具は、漏電《ろうでん》などの原因となり危険なので、使用しない。

感震《かんしん》ブレーカーがあると安心

ブレーカーを落としてから避難する余裕がない場合もあります。自動的に電気を遮断してくれる感震ブレーカーがあれば安心です。

感震ブレーカーの種類

分電盤タイプ

家のすべての電気を遮断する。
内蔵型と後付け型の2つがあり、
どちらも電気工事が必要。

簡易タイプ

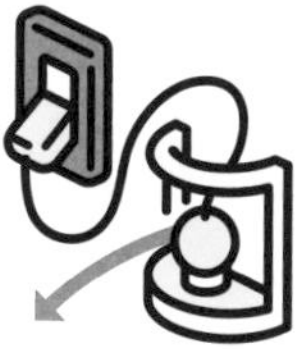

ブレーカーのスイッチに接続し、
おもり玉の落下またはバネの作用
によりスイッチを落とし、電気を
遮断する。比較的安価で、工事が不要。

コンセントタイプ

個別のコンセントの電気を遮断する。
既存のコンセントに差し込むタイプと、
取り替えて埋め込むタイプ（要工事）がある。

電気を使用する医療器具などがある家庭では、設置について注意が必要です。

消火器の使い方

災害時はすぐには消防車が来ません。そのため消火は、まわりの人たちと協力して行わなければなりません。正しい消火器の使い方を覚えておきましょう。

1

黄色い「安全ピン」の輪に指をかけ、思いきりピンを引き抜く。

2

ホースをはずし、安全な距離をとり、火に向けてかまえる。

3

消火器のレバーを強くにぎり、火に向けて吹きつける。

4

火の根もとを、ほうきではくように消火剤をかけて消す。

ガスメーターは自動的に止まる

家のガスが止まってしまったら、まずガスメーター（マイコンメーター）を見てみましょう。

メーターの**赤ランプ**が点滅していたら安全機能が作動し、ガスを止めています。地域のガス施設に支障がなく、ガス漏れがなければ、自分で復帰することができます。

万が一、ガスのにおいがしていたら、ガス会社にすぐ連絡しましょう。

ガスメーターの場所を確認しよう

集合住宅の場合、玄関脇や共用廊下のメーターボックス内、もしくは外部に複数設置されている。

一戸建ての場合は外壁にある。

ガス会社によって設置場所は異なります。

ガスメーターの復帰方法

地域のガス施設が止まっていなければ、自分たちでガスメーターを復帰することができます。

1　止める

震度5程度以上の地震でガスはストップ。ガス機器のスイッチをオフ。

2　押す

ガスメーターの
復帰ボタンを押す。
赤ランプが点灯し、
その後すぐ点滅する。

3　待つ

ガスメーターが
ガス漏れがないか
どうかをチェック。

4　使える

3分たって、ガスメーターの赤ランプが消えたら、復帰は完了。

カセットコンロとボンベは必需品

電気やガスが復旧するまで、カセットコンロとカセットボンベがあれば、お湯を沸かしたり、料理をつくることができます。

1カ月でどれくらいカセットボンベが必要？

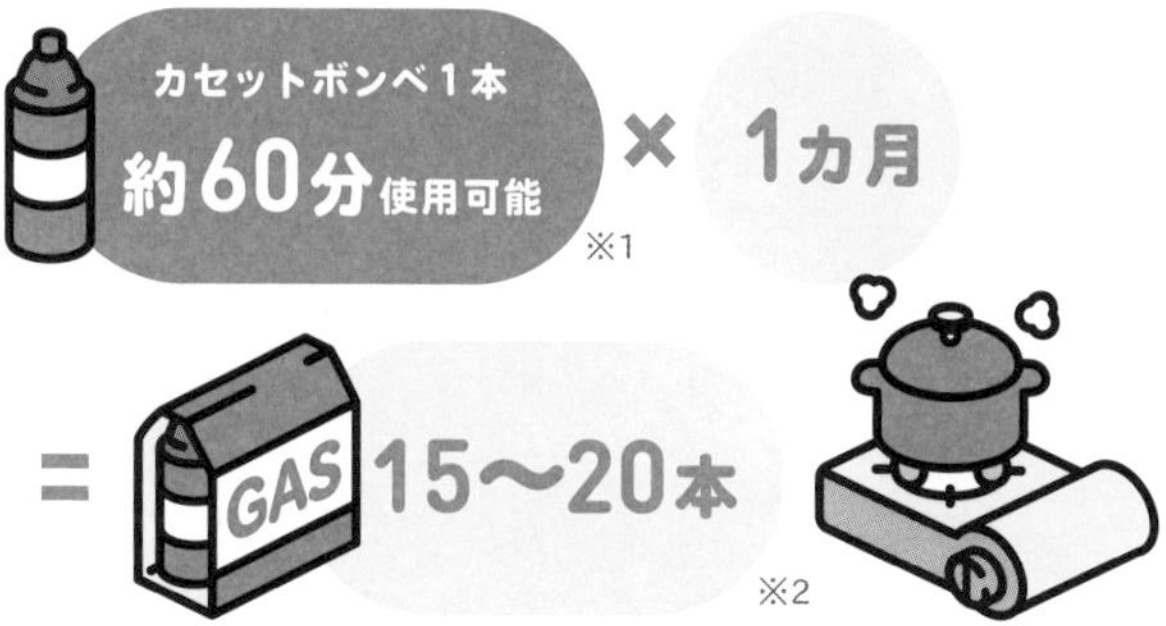

カセットボンベの使用期限

使用期限は約6～7年。
多めに買い置きしておき、
高温多湿を避けて屋内に
保管しておく。ただし、ゆがみや
変形、サビがでているカセット
ボンベは使わないようにする。

※1　3.5kw（3,000kcal/h）のカセットコンロを使用した場合。
※2　1日30～45分使用の場合。気温が低いほうが、ガスの使用量が増えます。

COLUMN

ガス、消しに行かなくていいんです。今覚えておきたい三つの知識。

お話をきいた人　東京ガスネットワーク株式会社　防災・供給部／人事総務部

地震のときはまずガスを消す。昔、そう教えられた記憶はないでしょうか。

「今、ガスは自動的に止まります。まずご自身の安全を確保して下さい」

東京ガスネットワークによると、阪神・淡路大震災以降、ガス業界は地震対策を強化してきました。ガス管の耐震化の促進、早い復旧を目指す協力・支援体制、そして最も大きいのが各家庭への「マイコンメーター（ガスメーター）」の完備です。

「震度5程度以上の揺れを感知すると、自動的にガスを止める安全機能を持っています。異常を感知すると、ガスの供給自体が止まるので安全。全国の都市ガスで義務化されており、計量法による10年に一度の取り替えで、精度の低下も防がれています。

東日本大震災では、ガスによる二次災害はゼロでした」

ガスに関しては、災害発生時に心配すべきなのはもはや「消すこと」ではない。大切なのは、「復旧方法」だと東京ガスネットワークは言います。

「ガスの復旧で、覚えておいていただきたいことは二つ。まず、各ご家庭のマイコンメーターで止まっている場合は、ご家庭で復帰できます。また、ガス導管へ被害を及ぼすような強い揺れを感知すると、地区ガバナ（地区ごとに設置された圧力調整器）が自動停止して、地域でガス供給を停止。東京ガスネットワークでは、ＩＴ化された管理システムですみやかに被害を特定、被害がないエリアは遠隔操作で供給を再開します」

しかしガス管に被害があると、作業員による現地での作業や、全戸の安全確認が必要になるため、首都直下地震の復旧には相応の期間がかかると想定されています。復旧早期化のために、ガス会社は日夜努力しています。そして、私たちにもそれを助ける方法があります。

それは、家庭で復帰できるという情報を、周りにも広めること。

「地震直後はガス漏れの通報を最優先に対応したいのですが、『ガスが止まったがどうすればいいか』という問い合わせの電話が多く、東日本大震災のときに受け付けたマイコンメーターに関する問い合わせはなんと約22万本でした。この件数が減るとより早く動けます」

なお、台風・豪雨などの風水害の場合は、ガスに大きな影響は出にくいそうです。

「ガス管は気密構造で地中に埋設しており、ガス供給の設備は電力不要のしくみだからです。一方、河川の氾濫などで浸水した地域は安全のため供給を停止することがあります」

おさらいしましょう。地震がきたら、ガスは止めずにまず身の安全の確保。その後、自分で復帰操作（70ページ）。それでだめなら、地区ガバナが停止しているので、供給・再開状況をテレビ・ラジオ・インターネット等、使用可能なメディアで確認しましょう。

5

サバイバル×水

WATER

水は、生きるキホン。つまり、備えのキホンです。

ライフラインの中でも、水は最重要と言っていいでしょう。電気やガスが止まっても最低限のことはできたりしますが、水がなくなれば脱水を起こし、トイレも使えず、衛生面も急激に悪くなります。

　そして注意したいのが「災害による断水は、復旧まで長くかかる」ケースが多いこと。ペットボトルを何ケース備えていても、必ず足りなくなるのです。

　そこで、備えとともに水の使い方を3点、覚えてみてください。

生活用水は、「節水」で使う。

飲料水は、「備蓄」から。ペットボトルなど清潔な水はできるだけ水分補給にまわします。

　自治体や国からの「給水」が始まったら、水を補給しつつ節水生活を続ける。

　やみくもに水をケチろうとすると、衛生面やストレスの問題が出てくることも。被災時ならではの水の知識と、ちょっとした知恵があるだけで、上手に気持ちのよい節水ができるんです。

　正しく長く水を使う知恵、それはきっと、命をつなぐ知恵になります。

水はどれくらい必要？

のどの渇きを感じたら、既に脱水が始まっている証拠。そうなる前に水分をとれるよう、水は1人1日最低2リットル、７日分程度を用意しておきましょう。

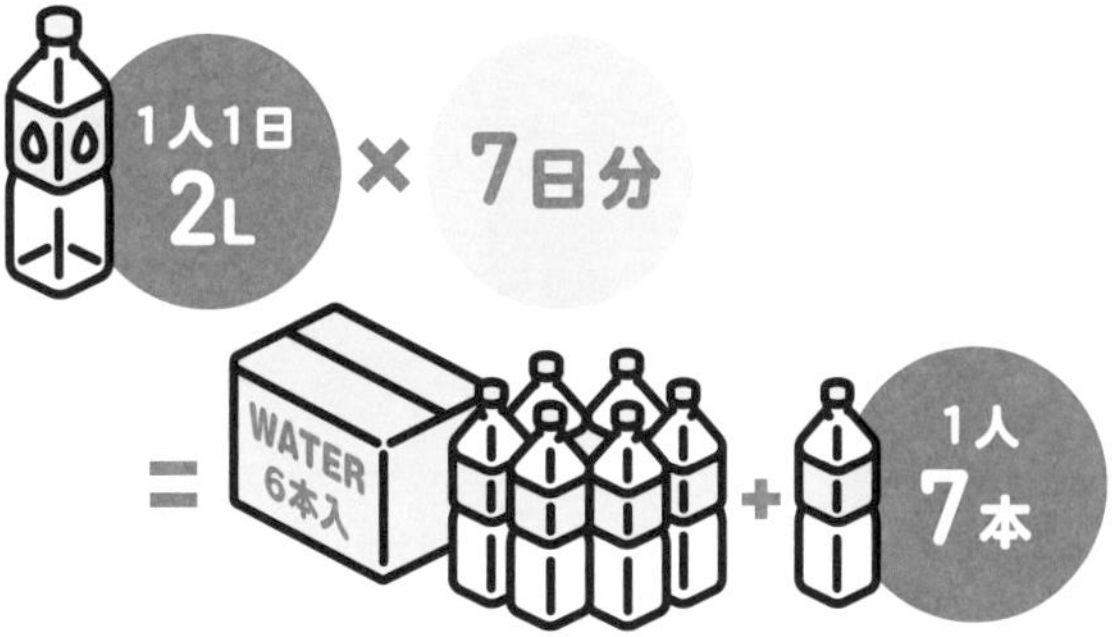

1日2リットル必要な理由

成人男性からは、尿や便、呼吸や汗で1日に約2.5リットルの水が排出されています。一方、食事から約1リットル、また体内でつくられる水が約0.3リットルあります。あと約1.2リットルの水を飲めば、体から出る水分と同じ量を体に取り入れることができます。断水している場合は、食事をつくる際も飲料水が必要です。

水の備えと節約術

水は日頃からさまざまな方法で備えることができます。また、節水しながらお皿を洗う方法もあります。

日頃から水を備えておく

ポリタンクや
やかん、
鍋などに

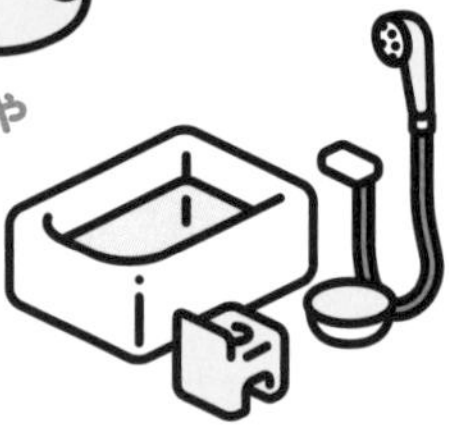

お風呂に溜め置き※

ペットボトルの口いっぱいまで水を入れておく

飲料水として使う場合は3日に一度は取り換えを。浄水器を通した水は塩素効果がないので毎日取り換える。

水をできるだけ使わない工夫

食器を洗うとき、1つ目のバケツで一番汚れたものをすすぎ、2つ目のバケツでそれをきれいにし、3つ目のバケツで仕上げをする。

※子どもが溺れるのを防ぐため、浴室にカギをかけるなど安全には十分に配慮しましょう。

水を運ぶための工夫

断水時には、給水車や給水拠点から水を運ぶ必要も出てきます。少しの工夫で、効率よく重たい水を運ぶことができます。

ポリ袋＋バケツ、
ポリ袋＋段ボール箱

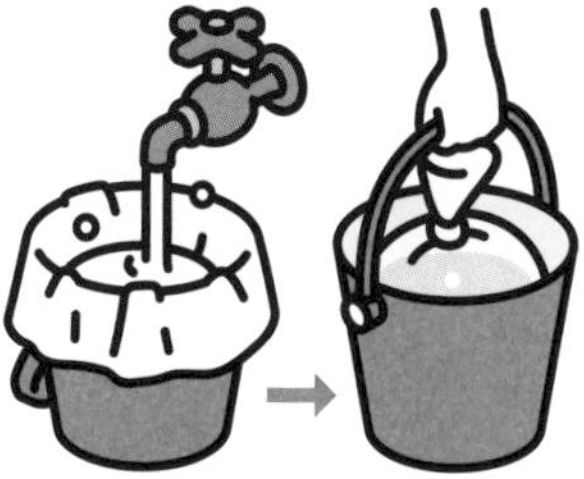

汚れたバケツや段ボール箱しかなくても、その中にポリ袋を入れれば、水を運ぶ清潔な容器に。台車やキャリーカートがあるとさらに便利。

ポリ袋＋リュック

リュックの中にポリ袋を入れて、水を運ぶこともできる。

マンションなどの階段を上がって水を運ばなければならないときは、この方法がおすすめ。

水がないときのオーラルケア

口の中を不衛生にしていると、インフルエンザや肺炎などにかかりやすくなります。できる限り清潔に保つようにしましょう。

ハンカチで歯をぬぐう

食後に水やお茶でしっかりうがいをする。ハンカチなどを指に巻いて歯をぬぐい、汚れをとる。

口腔《こうくう》ケア用ウェットティッシュ

洗口液が浸してある口腔ケア用ウェットティッシュは、使い捨てで衛生的。

液体ハミガキ

口をすすぐ必要がない液体ハミガキも、口の中の菌を減らすことができる。液体ハミガキを浸したハンカチなどで歯をぬぐえばさらに効果的。

入れ歯のお手入れ

災害時は、入れ歯のお手入れもおろそかになりがち。食後には、できるだけはずして汚れをとる。

身近にある水源を覚えておこう

「給水車」や「給水拠点」以外で非常時用の水源があると、より安心です。災害時の使用に備えて、水の取り出し方を確認しておきましょう。

貯水槽

マンションなど水を大量に消費する施設に設置されている。災害時用の蛇口が付いていれば使用OK※。

給湯器

貯湯《ちょとう》タンクから直接お湯（水）が取り出せるタイプがおすすめ。

ウォーターサーバー

サーバー内や交換ボトルの水が活用可能。停電すると使えなくなるタイプもあるので注意を。

河川・井戸

家の近くにある河川や井戸の水を汲み上げて活用。飲料水として使うなら、浄水器もセットで用意を。

※新たに設置する際は自治体に確認が必要なケースがあります。

COLUMN

歯みがきなんて後でいい？ いえ、非常時こそ、オーラルケアを。

お話をきいた人 サンスター株式会社 研究開発部／広報部

災害時は、ライフラインや情報収集、負傷の手当など、問題や対応が押し寄せます。そのとき、歯みがきなんて……と思いますよね。「でも、そんなときこそオーラルケアを」。阪神・淡路大震災での被災経験から口腔保健の専門家とともに「防災にオーラルケア」の情報発信を行うサンスターは、そう強く呼びかけています。

被災して身体機能が弱ると、口腔の機能も弱る。ストレスは、お口をきれいにする役割のあるだ液も出にくくする。つまり、いつもよりオーラルケアが必須な状況なのです。それをおろそかにし続けると、さまざまな問題が忍び寄ります。

最も深刻なのは、口腔の不衛生が、重病につながるケースです。

「肺炎です。避難所で多発するのが誤嚥《ごえん》性肺炎といって、食べものなどが、飲み込むときに誤って気管や肺に入り、だ液に含まれるお口の中の細菌が肺炎を引き起こすもの。とくに高齢の方にとても多い。口腔ケアで、この肺炎になるリスクを抑えられます」

避難所で心配な感染症の予防にも、オーラルケアは役立ちます。オーラルケアによって、インフルエンザ発症率が10分の1に減るという研究結果も。

「お口の状態が感染症に関わることは、意外と知られていないかもしれません。自分のお口をケアすることは、身体全体のリスクを抑えることでもあります」

そして、歯周病と虫歯。日本歯周病学会によると、近年、糖尿病、心臓・脳血管疾患、骨粗鬆症《こつそしょう》・関節リウマチなど全身疾患と歯周病との関係がわかってきています。子どもが避難生活をきっかけに虫歯になってしまうのも心配ですね。

ケアと備えは、「水がなくてもできる」がキーワードです。

「オススメは液体ハミガキです。練りハミガキと違って水でのすすぎが不要。殺菌剤配合のものならお口の殺菌もできる。菌とは別に、プラーク（歯垢《しこう》）は磨かないと取れないので、これと歯ブラシを備えるのがオススメ。歯ブラシがないときは、布などに液体ハミガキをつけて磨く。また、歯ブラシがあって水がない場合なら、水のかわりに液体ハミガキですすぐ使い方でも」

液体ハミガキは〝ぶくぶくぺー〟ができれば子どもも使えます。使用期限は3～5年。殺菌剤が配合されていないものもあるため「医薬部外品」表示のものを。

「何もないときは、少量の水やお茶ですすぐだけでも、効果があります」

ケアの頻度は「寝起き・毎食後・寝る前」が理想ですが、難しい場合は、寝る前の1回は確実に。後まわしにしがちな気持ちに、どうか先まわりを。

6

サバイバル×トイレ

TOILET

トイレは、災害時のライフライン。その意識を、まず持つこと。

トイレは災害時、使えません。

停電、断水、給排水管や汚水処理施設の損傷などで、使えない。外出中に被災すれば、トイレは長蛇の列で、使えない。でも、「トイレ行きたい」は、待ってくれない。

東日本大震災時のヒアリングでは、約8割の人が、発災から「9時間」でトイレに行きたくなったと答えました。阪神・淡路大震災での調査では、約6割が「3時間」という結果も。一方、発災後から仮設トイレが行きわたるまでの想定日数を、「3日以内」と答えた自治体はわずか、3割。このタイムラグは深刻です。

さらに仮設トイレにも、不衛生さや、治安の悪さの問題があります。だから「行きたくない」と感じて水分や食事をがまんした結果、健康を損ねる方も多いのです。

在宅避難はその面で安心ですが、排水管の破損時は注意。無理に流すとあふれてしまうし、下水道は復旧まで長くかかります。

じゃあ、どうすればいいの？　その答えが「携帯トイレ」です。全国民にもっと知られてほしいもののトップ1かもしれません。持っていない方は、今すぐ備えておきましょう！

災害時のトイレは水が使えない

地震の揺れなどで、敷地内の排水管が破損した場合、無理に水を流すと汚水があふれ出ることがあります。排水管が破損していないか確認できるまで、トイレに水を流さないようにしましょう。

1

地震で排水管や
水道が被害を受ける。

2

無理やり、水を
流してしまうと……。

3

詰まったり、
汚水が逆流してしまう
ことも。

4

排水管の無事が
確認できるまでは、
携帯トイレを使用。

携帯トイレの種類と選ぶポイント

簡単に使えるか、しっかり吸収できるか、においを抑えられるかを確認して選びましょう。使用期間があるので、定期的にチェックしましょう。

	 **凝固剤タイプ（タブレット）**	 **凝固剤タイプ（粉末）**	 **シートタイプ**
使い方	1. 便器に袋をかぶせる 2. 凝固剤を入れる 3. 用を足す	1. 便器に袋をかぶせる 2. 用を足す 3. 凝固剤を入れる	1. 便器に袋をかぶせる 2. 用を足す
廃棄方法	各自治体の「可燃ごみ」の処理ルールに従う	各自治体の「可燃ごみ」の処理ルールに従う	各自治体の「紙おむつ」の処理ルールに従う
選ぶポイント	・比較的安価で購入しやすい ・コンパクトなので大量に備蓄可能（粉末よりはかさばる） ・消臭効果が高い	・比較的安価で購入しやすい ・コンパクトなので大量に備蓄可能 ・停電時などに便に粉末がうまくかからない可能性がある	・かぶせるだけで使えるのでシニアの方におすすめ ・かさばるので備蓄スペースの確保が必要 ・袋を広げて上部を折り返すと便器がなくても自立する

携帯トイレの使い方

携帯トイレを設置する前に、便器にポリ袋をかぶせることで、衛生的に使うことができます。メーカーによって使い方が異なるため、説明書を確認して使いましょう。

1

便器に市販の
ポリ袋をかぶせる。

2

そのポリ袋の中に、
携帯トイレの袋を設置。
用を足し、汚物を固める。

3

携帯トイレの袋だけを
取り出し、口を強くしばる。

4

ゴミの収集がくるまで
保管する。

携帯トイレはどれくらい必要？

トイレが使えるようになるまで１カ月以上かかる場合も考えられます。携帯トイレは、できるだけ多く用意しておきましょう。

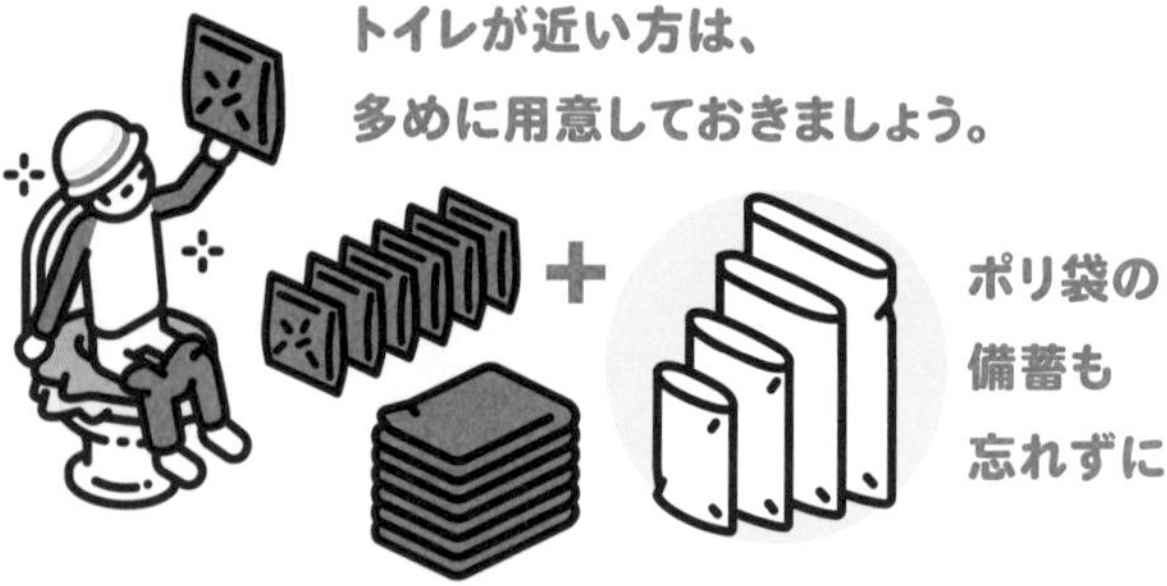

節約した使い方も

シートタイプの携帯トイレは連続使用することもできます。小便は3〜4回ごとに、大便は1回ごとに交換していけば、**1週間で必要な枚数は14個**ほどになります。

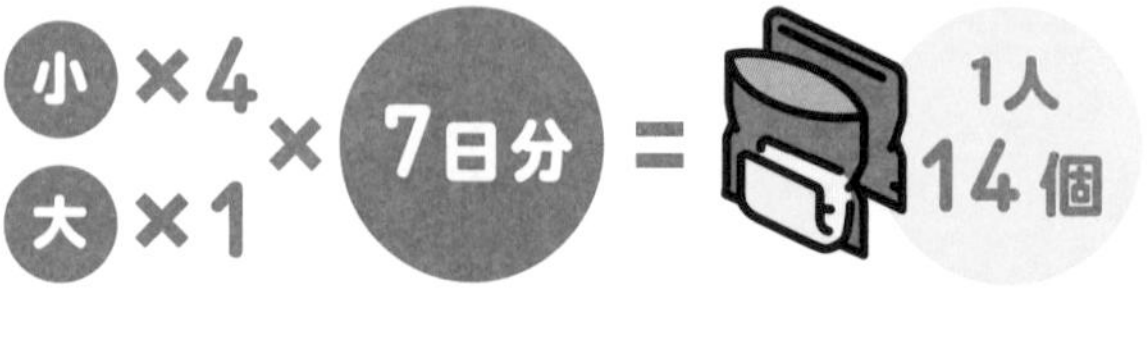

緊急用トイレのつくり方

携帯トイレがない場合は、ポリ袋と新聞紙で緊急用トイレをつくることもできます。

1

ポリ袋を便座に二重にかぶせる。

2

くしゃくしゃにした新聞紙をポリ袋の中に敷き詰める。

3

用を足した後、
消臭効果のあるものを
上からかける。

4

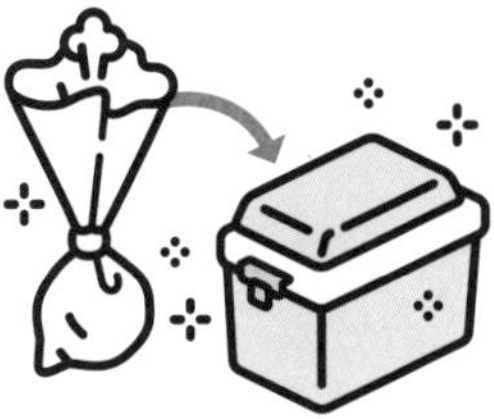

内側のポリ袋を取り出し、
空気を抜いて
口を強くしばる。

携帯トイレとあわせて必要なもの

トイレットペーパーは、普段から多めに買っておき、備蓄しておきましょう。また感染症を防ぐためにも、手洗いとうがいは大切です。

トイレットペーパーは多めに備蓄

被災したときに手に入りづらいのはもちろん、
そうでない場合でも国内のトイレットペーパーの
約4割が静岡県でつくられているため、南海トラフ巨大地震が起きると1カ月ほど供給が滞ると予測されている。

便利な長巻ロールペーパー

大きさは変わらなくても、製造方法により
通常より3～4倍長く、かたく巻きこんだ
長巻ロールペーパーもある。

水が少ないときの手洗い

できれば水とハンドソープや
せっけんで手洗いし、
水がなければ消毒剤や除菌効果のある
ウェットティッシュで常に清潔にしておく。

せっけん

消毒剤

※通常のトイレットロールダブル（30m）の場合

使用済み携帯トイレの保管方法

大災害の場合、すぐにはゴミの収集が始まらない可能性があります。使用済みの携帯トイレを保管するため、密閉できる「袋」や「箱」を用意しておきましょう。

携帯トイレをゴミに出す

多くの携帯トイレが可燃ゴミとして捨てられるようになっている。自治体によっては、収集する車が違うことがあるため、他の可燃ゴミとは分けて捨てる。

COLUMN

下水道の復旧はすぐにはできない。住まいによっては長引くことも。

お話をきいた人　埼玉県下水道局　下水道事業課／危機管理防災部危機管理課

大きな地震が起こると、下水道が使えなくなる可能性がある。なぜか、知っていますか？　その理由と復旧までの流れを、埼玉県の下水道局に聞きました。

そもそも下水道は、汚水を収集し、処理場できれいにして河川などに放流するしくみ。汚水は、家や工場の敷地内にある排水管から、道路の下の下水管に集められて処理場に運ばれます。被害を受けやすいのは、このうち排水管と下水管です。

下水道で最悪の事態とされるのが、「市街地に下水があふれる」ことです。復旧は、下水管の壊れた箇所を特定し、使える下水管へバイパスするなど、とにかく下水の道すじを途切れさせない作業。初期の段階では、マンホールから下水をバキュームカーで処理場に運んだり、下水をポンプで吸い上げ、消毒して側溝や河川に放流したりすることもあります。

「30日間以内に管轄全域の応急復旧を終えるのが目標です。壊れた部分ごとに個別に復旧していくので、使えない地域をゼロにするまでが30日間以内ということですね。また、上水道の復旧に遅れないことも重要なポイントです」

上水道が復旧すると、下水道に一斉に水が流れます。下水管が詰まっていると、下水があふれる事態に。また、下水が流れていると、下水道の復旧作業に支障が出てしまうため、せっかく使えるようになった上水道も節水が必要です。

全国の下水道機関では、被災地に他県からも職員が集まり支援する協力体制がつくられていて、一丸となって最短での復旧を目指しているそうです。

さらに、私たちが覚えておきたい大切なポイントがあります。それは、排水管が、「所有者の責任のもとにある」ということ。行政の努力で下水道が復旧しても、宅地内の排水管が壊れていたら、家の汚水は流せません。でもここの復旧は、自分でしなくてはいけないのです。

「排水管が壊れるケースは多いですが、被災時の手配は大変。近くの業者さんや、マ

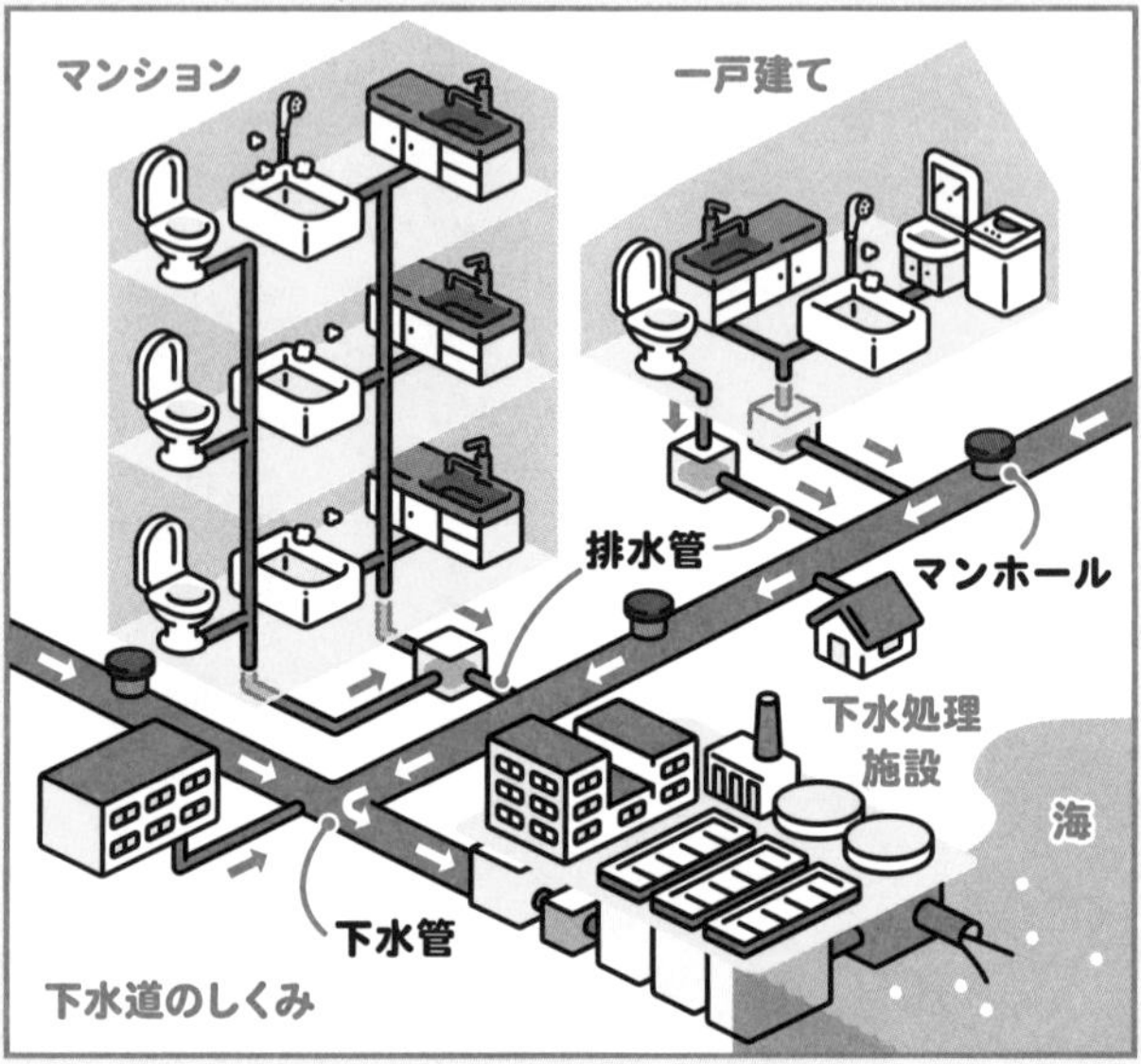

下水道のしくみ

ンションであれば管理者の確認をしておくと安心だと思います」

実際に「使える」状態に戻るまでが意外と長く、やっかいそうな下水道。でも、普段は、自分の住まいの排水管の場所すら知らなかったりします。

「普段使っているトイレが使えなくなったらどうするか、災害が起こる前に考えて、備えることが大切」と、危機管理課は提案します。

「とくに、地震発生直後72時間は、行政は人命救助に注力しなければなりません。避難所に災害用トイレが整備されるまでは、一人ひとりや地域でトイレに行ける環境をつくり、乗り切ることが大切です」

トイレはまったなしの問題。下水道への意識は、災害が起きたときに、自分や家族を守ることにもつながります。

「熊本地震では、避難所のトイレが早々に整備されても、連日行列でした。自宅のトイレが使えず、とりあえず避難所に来るという人も多いのです。各家庭で携帯トイレを備えておけば、自宅が全半壊した方など、本当に避難所のトイレが必要な方々も含め、多くの方が安心してトイレに行ける環境づくりにつながります」

〝自分ごと〟にする意識。下水道の防災に、それは大きな力になりそうです。

COLUMN

自分らしく、人間らしく。
快適なトイレをあきらめないで。

お話をきいた人 **株式会社エクセルシア 代表取締役 足立寛一さん**

声を大にして言いにくいものほど、のっぴきならないこともある。非常時のトイレのリアルを、携帯トイレメーカー「エクセルシア」に聞きました。石灰の除菌作用により消臭効果が7カ月間続くタブレットタイプの携帯トイレを開発し、防災士でもある足立さんは、きっかけは被災地が苦しむ「ニオイ」だったと言います。

「一般的なトイレは、ニオイの8割ほどは水中に溶けているんです。でも非常時は水がないからダイレクト。単純に考えてふだんの8割増しです。袋に入れるだけでは、便は膨張性の高いメタンガスが出続けるのでニオイがもれてしまいます」

今までの災害でも、避難が長引くほど深刻化するトイレ問題は報道されてきました。他人と共用し続ける苦痛や、不衛生ゆえの感染症の拡大など。しかしその中で「ニオイ」は軽視されてきた部分だと足立さんは感じています。

「言いづらく、メディアで伝えづらい部分だからでしょうか。でも現地では本当に大変です。ニオイは、トイレのストレスの大きな要素なのです」

被災地では、トイレに行きたくなくて水分をとらない人も多く、それは脱水・膀胱《ぼうこう》炎・エコノミークラス症候群など重篤な症状の原因に。ただの排せつ目的から、さらに上の快適を求めることは、ぜいたくではなく命につながることです。

「清潔、片づけが簡単、長期にわたり臭わない。うちの商品はその条件を揃えることを目指しました。現在は、都市部の企業などからのニーズも目立ちます」

トイレ問題は、地方より都市部のほうが深刻になる、と言います。

首都直下地震を想定した試算[※]では、帰宅困難者が大量発生すると、最悪の場合、地震後6時間は23区すべてでトイレが不足。[※1] 都心では約7割の人がトイレを使えず、仮設トイレの設置以降も、30時間以上不足状態が解消されないエリアも。[※2] 東京都は混乱を防ぐため、地震直後は帰宅せず3日間待機を推奨していますが、待機先やそこのトイレの状況まではわかりません。足立さんは、携帯トイレは「ひとりひとつ常時携帯」をすすめています。

「防災用として社員に配布しておく企業も多いです。オフィスビルではトイレニーズは時間とともに膨れあがるので、管理側の手に負えなくなる。各自で対処すれば混乱を防げます。ポンチョ付きで場所を選ばずに使え、持ち歩けるタイプもあります。エレベーター閉じ込めや外出時の被災でも、携帯トイレが鞄にあれば安心」

とくに女性には死活問題のトイレ。「したくない」から「あってよかった」と言うために、もう一度トイレでゆっくり、備えを考えてはいかがでしょうか。

※試算は、「帰宅行動シミュレーション結果等に基づくトイレ需給等に関する試算について」（内閣府）。
※1は避難所となる学校のトイレが安全対策などですべて使えなかった場合、※2はその半数が使えなくなった場合。

7

サバイバル×キッチン

KITCHEN

栄養と気力どちらも大事。だから災害時こそ、しあわせな食を。

「食料って、避難所でもらえるよね？」と思う人もいるかもしれません。

でも「おいしくてあったかいのは、ない」。実際に避難所生活を送った人たちは、そう口を揃えます。

そして、「〝おいしい〟を、もっと大切にしてほしい」。そう私たちは、思っています。災害時もいいものを食べ、自分らしく過ごす。これはわがままではなく、前を向く手段です。

カツ丼、パスタ、デザートまで、日本の「非常食」は今、とても豊かなのをご存じですか？

保存性だけでなく、おいしさ、栄養、便利さも手に入り、カセットコンロなどもあわせて備えれば、温かい食事も可能です。

それぞれの好きな味を選ぶことで家族や友人と一緒に防災意識も高めやすく、おいしいから日常食とのボーダーラインが消え、賞味期限前に食べながら効率的に備蓄する「ローリングストック」も気軽にできます。

日本は「豊かな防災ができる国」。ここを利用しない手はありません。遠足の準備みたいな気持ちで備えてみたっていいんです。モシモの備えでイツモが楽しくなれば最高です。備えの日常化こそ、理想の防災なのですから。

1週間分の食料を工夫する

1週間分の食料の備蓄を政府が推奨しています。災害時は冷蔵庫や買い置きのものもあわせて、食べる順番を工夫し、1週間を乗り切りましょう。

1〜3日目

冷蔵室・冷凍室にあるものを食べる

普段から冷蔵室・冷凍室に食材を多めに買い置きしておく。

停電時はクーラーボックスに保冷剤と食べものを入れて保存する。

4〜7日目

「ローリングストック」で備蓄した「非常食」を食べる

傷みが早く出るものは震災直後に食べ、4日目ぐらいからはレトルト食品、缶詰、フリーズドライ食品など日持ちがする「非常食」を食べる。

ローリングストックで備蓄する

月に1回程度食べ、食べた分だけ買い足していくローリングストックがおすすめです。賞味期限が1年程度のレトルトやフリーズドライ食品も「非常食」として備えることができます。

1

備蓄する食料・水を
少し多めに用意する。

2

定期的に古いものから
順に食べる。

3

食べた分を買い足す。

4

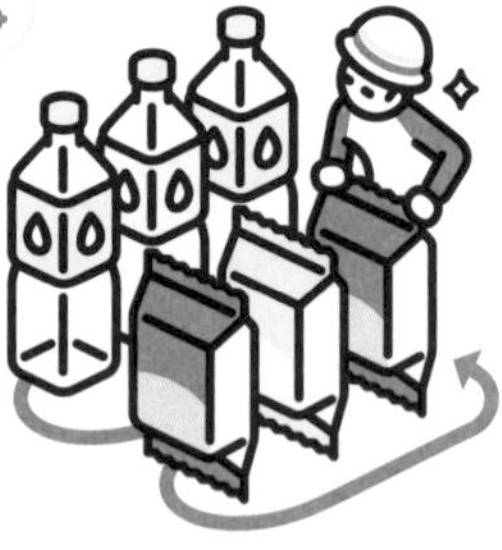

これらを繰り返し、常に
新しい「非常食」を備蓄。

おすすめの収納方法

定期的に食べる習慣を定着させるには、普段よく見る場所に収納するのがポイント。好みのものをストックしましょう。

キッチンに収納

吊り戸棚

取り出しやすいよう取っ手付きケースに仕分けして入れる。

引き出し

取り出しやすいように、立てて、並べて収納するのがポイント。

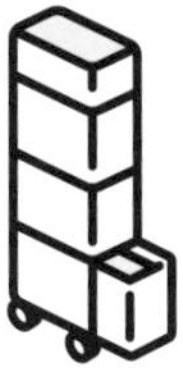

すき間収納

スペースを有効活用。半透明のケースで中身が見えると便利。

リビングに収納

ボックス収納

インテリアの一部として。箱の外側に中身の明記を忘れずに。

本棚

ご当地カレーのレトルトなどを本と一緒に並べれば、選ぶ楽しみもアップ。

POINT 手前から奥へ賞味期限の早い順に並べ、日付が見えるようにして入れましょう(見えない場合は、マジックなどで記入)。

おすすめの「非常食」

心身ともにストレスが大きい災害時だからこそ、栄養のある、好みの味の「非常食」を備えておきましょう。

乾物

災害時の食事は炭水化物に偏りがちです。ミネラルや食物繊維が豊富な切干大根や寒天などがおすすめ。

フリーズドライ食品

フリーズドライ食品の中でも野菜が豊富に含まれているものがおすすめ。

レトルト食品

ローリングストックで備蓄すれば、賞味期限が約1年のレトルト食品も「非常食」に。

乾麺

できれば、ゆで時間が短くてすむものを。やわらかくゆでれば、小さな子どもでも食べられる。

▶あわせて用意しておきたい カセットコンロ＆カセットボンベ

温かい食事は体に元気を与えてくれる。

水がないときに役立つ キッチングッズ

いつものキッチングッズを上手に使えば、水を節約でき、衛生面も安心です。

キッチンばさみ
ピーラー

まな板を使わずに
調理できて衛生的。

使用した後は、ウェット
ティッシュなどでふく。

ポリ袋

手袋代わりに
かぶせれば、
衛生面も安心。

食材を入れて調理
すれば衛生的かつ、
洗い物が減る。

ラップ

食器や紙食器に
敷いて使えば、お皿を
洗う水の節約に。

食材に直接手を
触れずに、おにぎり
などがつくれる。

紙食器のつくり方

食器がない場合は、新聞紙などで簡単にお皿をつくることができます。ポリ袋やラップをかぶせれば、温かいものや汁物も食べられます。

1

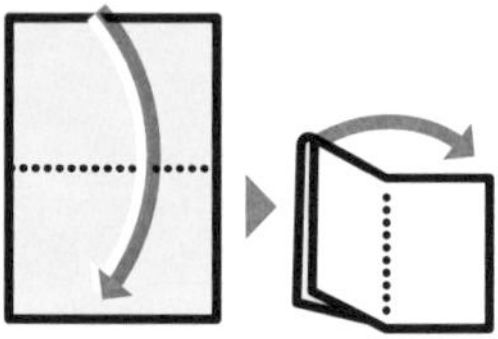

半分に折った後、さらに横に半分に折り、折り目をつけてもどす。

2

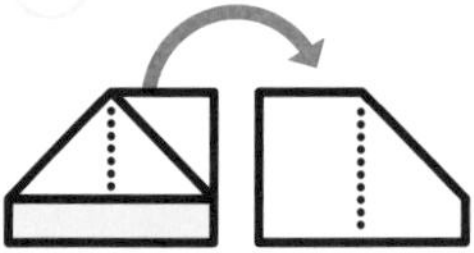

左端を三角形に開き、「おうち」の形にしたら、裏返す。

3

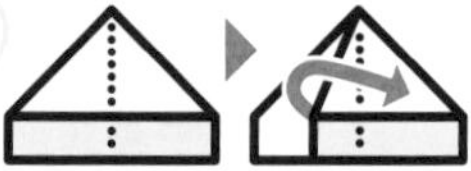

裏側も2と同じように開いて「おうち」の形にし、重なっている紙の1枚目を反対側にめくる。裏側も同じようにめくる。

4

左右の重なっている紙の1枚目を、真ん中に向かって両側を折る。

5

緑色部分を上に折る。反対側も同じように折る。

6

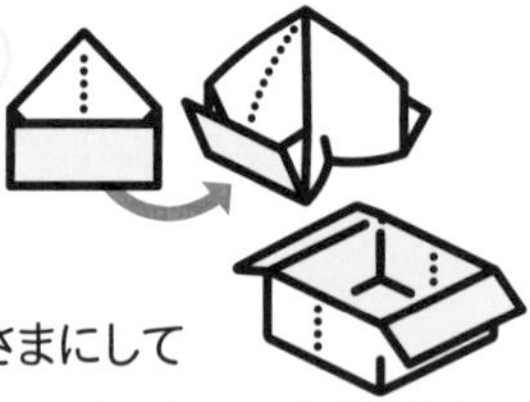

逆さまにして上部を広げて、できあがり。

〔レシピ〕乾物サラダのつくり方

袋の中で調理するので衛生的で、洗い物も減らせます。手が洗えないときは、手に袋をかぶせて調理しましょう。

1

乾物を小さく切って袋の中へ。

2

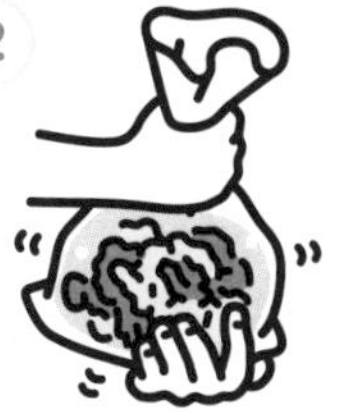

水を入れ、もどす。

3

水を切る。

4

具材を入れる。

5

味つけをして混ぜる。

6

袋のまま
紙食器にセットし完成！

［レシピ］節水してお米を炊く方法

この方法でお米を炊くと、お湯を繰り返し使えるので節水できます。複数のポリ袋を使えば、一気に調理することもできます。ポリ袋は湯煎調理可能な食品用の「高密度ポリエチレン」を使いましょう。

1

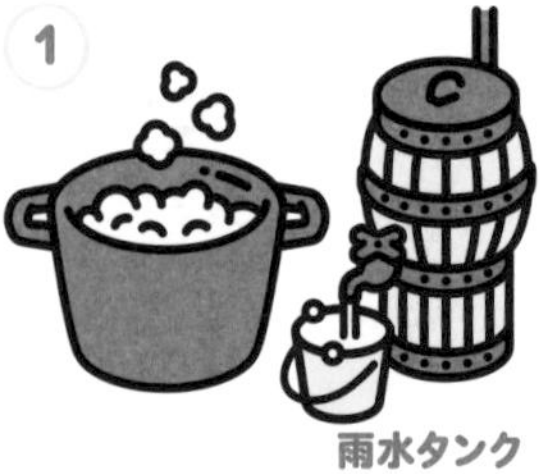

鍋の中に水を入れて沸騰させる（雨水や川の水などでもOK）。

2

ポリ袋の中にお米（研がないまま）とお米と同量のきれいな水を入れて、空気を抜き、口の方までねじり、結ぶ。

3

鍋の底にお皿を敷き、袋を入れて沸騰した状態で30分ほど煮る。鍋に袋が直接触れないように注意。

4

少し蒸らして器にセットすれば完成。袋は熱いので注意。

［ルポ］自然解凍で食べてみました

冷凍しているものはたいてい加熱して食べますが、災害時は電気やガスがなく、調理できないことも考えられます。そこでいろいろなものを、自然解凍し、食べ比べてみました。

パン

パンは1枚ずつラップにくるんで冷凍。
1～2時間で解凍できる。

食パン　★★☆
時間が経ちすぎると少しパサパサする。

ロールパン ★★★
時間が経ってもふわふわのまま。

菓子パン風クロワッサン ★★★
甘みが残っており食べ応えもある。

ごはん

自然解凍だと、ぼそぼそしている。
雑炊やおじやにすると、おいしく食べることができる。

★☆☆　★★★

［ルポ］「非常食」をつくってみました

お湯を入れて混ぜるだけで、食べることのできるフリーズドライ食品。1日3食、4人分で実際にどれくらいの水と加熱時間が必要か試してみました。

1日のメニュー

朝：雑炊＆にゅうめん　**昼**：リゾット＆シチュー
夜：親子丼＆具だくさんおみそ汁、レトルトごはん

つくり方

フリーズドライ食品に必要なお湯をやかんで沸かす。レトルトごはんは、パックから取り出し、耐熱性のポリ袋に入れ、5分ほど湯《ゆ》煎《せん》した後、余熱で2〜3分温める。湯煎用の水は飲料水でなくてもOK。

使用した水の量
3.8L※
ペットボトル（2L）約2本

カセットコンロの使用時間
28分10秒
カセットボンベ約1/2本

POINT

- フリーズドライ食品は レトルトと違い、湯煎の必要がないので、カセットコンロの使用時間が少なくてすむ
- レトルトごはんは、パックのままでも湯煎できるが、耐熱性ポリ袋に入れるとより短時間で温められる

※レトルトごはん湯煎用の水は含まれていません。

COLUMN

カロリーと水、だけじゃない。ほしいのは、「いつもの食」でした。

お話をきいた人　アサヒグループ食品株式会社

「食事が炭水化物に偏る」。避難生活で挙げられる大きな問題のひとつです。

炊き出しはおにぎり、支援物資もビスケットやパン、麺類が主流。それなら「炭水化物以外こそ各自で備蓄」と考えておくのも良いのではないでしょうか。フリーズドライ食品を開発・販売しているアサヒグループ食品は、手軽に食べられるフリーズドライ食品を、避難中の食生活にも利用してほしいと提案しています。

「避難中、気がかりなのが『野菜不足』です。ビタミン不足は心身を不調にしますし、避難時は便秘になる方も多いと聞きます。実は、真空凍結乾燥を施すフリーズドライ製法は、あまり熱をかけずに乾燥させることができるので、加熱で壊れやすいビタミンCなどの栄養素が損なわれにくいといわれています」

また、フリーズドライ食品は、和食も洋食も揃っており、シニアの方も、子どもたちも、それぞれ好きな味を選ぶことができそうです。

「フリーズドライ食品は、もともと和食がメインでした。今では、カレーやシチューなどの洋食も豊富。お子さんが喜ぶメニューも加えられますし、一品でおかずになる商品もあります。そして、災害時に食べた方から『普段食べるようなものでうれしかった』という声もありました」

非常食といえば常温保存・加熱不要で、まずは食料の確保と考えがちです。でも、「つらい災害時ほどいつもの食事が必要」。ふつうの暮らしを奪われてしまう被災者の声から、アサヒグループ食品はそんな発見をしたそうです。

「食べ慣れたごはんは心を癒やせる。フリーズドライ食品は、軽量でかさばらないので揃えやすいと思います」

フリーズドライ食品だけでなく、非常時の栄養補助になる食品はいろいろあります。また、ローリングストックとは、非常食を日常で食べながら「いつもの食」として備える方法。普段からおいしく食べて選んでおくことが、いい備えにつながります。

8

身のまわりの
ものでできる！
応急手当
FIRST AID

これからの応急手当は、すべての人の必須スキルへ。

災害時の応急手当といえば、発災直後の負傷者に、手当や心肺蘇生をすること？　いえ、実はそれだけではありません。

首都直下地震の想定では、交通麻痺による救急車の足止め、負傷者数が医師数を圧倒的に上回る可能性などが指摘されています。

それ以前に、大規模停電や断水があれば、医療機関は機能不全に陥ります。これは、被災者だけでなく、いつもなら１１９によって救われる人も、病院で救えなくなることを意味します。

そこで傷病者を助けられるのは、たまたまそこにいる、普通の人たちだけなのです。

応急手当ができる人が、その場で傷病者を助ける。そうすると、医療機関でしか命をつなげない人たちを、間接的に助けることにもなる。もはや防災において応急手当は、命をつなぐネットワークの欠かせない一部です。

「自分にそんなことができるだろうか」

救命講習では、最初そう言っていても、講習後は「できそうだ」と頷く方が多いそう。目の前の人を救うために必要なのは、あなたの一歩。その勇気は、きっと知識が支えてくれます。

知っておきたい「救命の流れ」

突然心肺停止した人を救命するためには、119番通報、心肺蘇生、AEDの使用、そして病院に搬送《はんそう》するという４つがすみやかに行われることが必要です。

1 119番通報

患者に反応がなければ、
119番通報とAEDの手配をする。

2 心肺蘇生

患者に
心肺蘇生を行う。

3 AEDの使用※

音声ガイダンスに従って、
AEDを使う。

4 二次救命処置

病院などに搬送し、
医師に診断してもらう。

※強い電流を一瞬流して心臓にショックを与えることで、心臓の状態を正常に戻す機能を持っています。

心肺蘇生法

心肺停止から1分ごとに、救命率は7〜10%下がります。その間にできることが心肺蘇生です。勇気を持って行いましょう。

1

肩をたたいてみて、
反応がなかったら、
119番通報とAEDの手配
を周囲に依頼する。

2

胸と腹部の動きを見て、
「ふだん通りの呼吸」を
しているかを、10秒以内
で確認する。

3

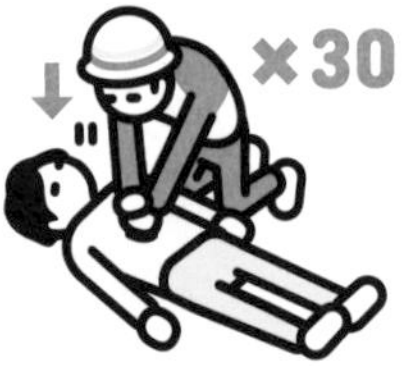

呼吸がない、もしくは
異常な呼吸であれば、
胸骨（胸の真ん中）
圧迫を30回行う。

4

約1秒かけて
胸の上がりが見える程度の
量の息を2回、口から吹き
込む。3 4 を救急隊に
ひきつぐまで繰り返す※。

※血液や嘔吐物で感染の危険がある、または人工呼吸用マウスピースがない場合は、人工呼吸を行わず、胸骨圧迫のみを行います。

AEDの使い方

AEDが届いたら、すぐに使用する準備をします。音声メッセージとランプで手順を教えてくれます。

1

電源スイッチを押して、AEDの電源をオンにする。

2

パッドに描いてある図をよく見て、2つのパッドを胸に貼る。

3

音声メッセージに従い、少し離れて、体に触れないようにする。

4

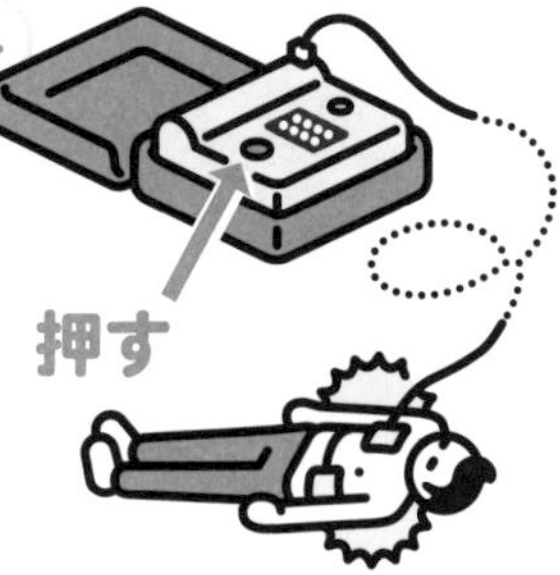

赤いボタンを押すと電気ショックが作動する。

POINT

6歳ぐらいまでは小児用電極パッドを貼るようにしましょう。
小児用がなければ、大人用を使うこともできます。

止血の応急手当

出血している傷口を、ハンカチなどで強く押さえて止血する直接圧迫止血法が、最も基本的で確実な方法だと言われています。

1

レジ袋などに手を入れ、
直接血液に触れない
ようにする。

2

清潔なガーゼやハンカチ
などを傷口に当て
強く押さえる。

3

傷口を心臓よりも
高く上げる。

4

止血ができれば、
包帯やハンカチ、
ネクタイなどで固定する。

POINT

- 直接傷には触らない
- 心臓より高い位置で止血する

骨折の応急手当

骨折した部分が動くことによって起こる二次的な損傷の防止と苦痛を和らげるために、そえ木代わりとなるもので固定することが重要です。

1

折れた骨を支えるためのそえ木になるものを用意する。

2

折れた骨の両側の関節とそえ木を、布などで結び固定する。

3

三角巾やレジ袋などを使って、固定した腕を首からつる。

4

より安定させるため、つり下げているレジ袋を胸にしばりつける。

POINT

- そえ木となるものは、患部の上と下の関節を覆うぐらいの長さが適当
- しばったり固定したりするのにネクタイを使うと便利

COLUMN

地震直後、あなたが救える命がある。その勇気を「講習」がつくる。

お話をきいた人　日本赤十字社　救護・福祉部

「阪神・淡路大震災の地震直後、救護された人の8〜9割は、地域住民の皆さんの手当によるものだったと聞いています」

被災地でのいち早い医療救護活動をはじめ、救援物資の配布、炊き出しなどの救援活動を行う日本赤十字社（日赤）。災害の現場から、今、日常を暮らす人たちへ伝えたいこと。それは、非常時の「自分の力」の大きさです。

地震直後、日赤の医療救護チームのもとに運び込まれる人の多くは、骨折など、出血を伴った外傷。外傷には、応急手当がとても効果を発揮します。

「応急手当は、状態を悪化させない手段です。傷病《しょうびょう》者は動けません。安全な場所に搬送することも、命に関わる大切なこと。安全なところで動かさずにいるだけでも痛みを軽くしてあげられます」

ただ、不安なのが「素人が触って悪化することもあるのでは？」という点。

「どういう症状であれば救急隊を待つ、というラインはありません。やってみる勇気を持ってほしい。すぐに手当をすれば、救える人がいるのです」

その〝勇気〟を出す方法があります。

実技で応急手当を学ぶ、日赤の「救急員養成講習」などの講習です。しごく当たり前のように思えますが、現場で一歩踏み出す勇気につながるのは「知識」よりも、この「体験」なのだそうです。

「講習では、傷病者を前にしたときの様子を想像してみながら実技を学びます。受講者からよく聞くのは『今までの印象とかなり違った』という声なのです」

講習の初めのうちは不安を感じている人が大半。でも、現場で起こることを体験していくことで「このくらいなら」と思えるようになるそうです。

この「できるかも」の感覚が、現場で動ける一歩、つまり勇気につながるのです。

「その場所にひとりでも多く手当できる人がいること、その数が、災害時に大きな力になります。誰かが誰かを手当して、また別の誰かを助けていく」
私たちにも、私たちにこそ、持ち得る「救える力」。広げていきたい力です。

CHECK **応急手当が学べる講習**

日赤の講習は全国各地で行われており、ニーズに応じて内容もさまざま。また、各自治体の消防署でも応急手当が学べる講習が定期的に行われています。日程・内容は、それぞれ日赤の各支部や、市町村のホームページなどでご確認ください。

日本赤十字社が実施するもの

しっかり時間をかけて
学びたい人に。
満15歳以上が対象。

各自治体の消防署で実施するもの

まずは受けやすい場所で学びたい人におすすめ。主に中学生以上が対象。

9

あの手この手を
知っておく！

連絡手段

MEANS OF
COMMUNICATION

災害時を生き抜く連絡手段は、「あの手この手」が強い。

「家族は大丈夫か」「無事を知らせねば」。発災直後、誰もがそう思うもの。でも連絡手段がないと焦る。焦りが大事な判断を誤らせる。連絡手段というのは、正しい行動をとるための、ライフラインともいえます。

そんな大切なものですが、災害時に電話、メール、ＳＮＳのどれがつながるかは、実はわかりません。通信の世界は変化が速く、明確な予測が難しいからです。

そこでおすすめなのが、「あの手この手」作戦。デジタル・アナログの両軸で、複数の連絡手段を持っておくことです。

デジタル面では、ＳＮＳ。家族の連絡はグループＬＩＮＥが便利です。フェイスブック、Ｘ、インスタグラムなどは、投稿しなくても、メッセージ機能を活用できる。ひとつに絞らず、どれもアカウントを持っておくと安心です。

アナログ面では、家に伝言メモを残すなどはもちろん、避難場所やルートを家族で決めておくことも該当します。

「災害用伝言ダイヤル」（１７１）は、ＳＮＳを使わないキッズ用携帯電話などでも利用でき、安否確認がしやすい手段。使い方を確認しておきましょう。

家族で決めておく連絡のルール

被災したとき、家族と一緒にいるとは限りません。連絡方法をあらかじめいくつか決めておきましょう。

集合場所・避難場所

家族が別々の場所で被災したとき、どこで落ち合うか、どこに避難するかを決めておく。

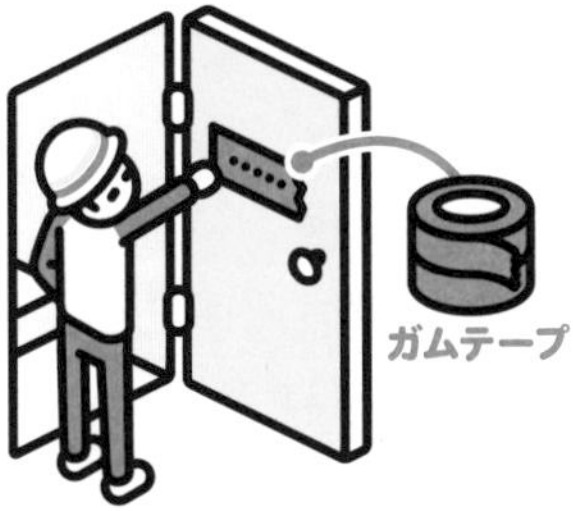

伝言メモの残し方

家族に避難先を伝えるメモを残す場所（玄関の扉の裏側など）を決めておく。

学校や預かり施設の連絡先

子どもやお年寄りがいる家庭は、施設の災害対応を確認し、電話番号、メールやSNSの連絡先をメモしておく。

連絡手段を決める

メールやSNS、災害用伝言サービスなど、どのように連絡をとるかを決めておく。普段から使い方の確認を。

いろいろな連絡手段

東日本大震災では、電話に比べ、メールやＳＮＳなどはつながりやすい状況でした。普段から使っておくのがおすすめです。

LINE

緊急連絡網として「グループトーク」、またそれぞれの居場所を知らせる「位置情報送信機能」が役に立つ。

ショートメッセージサービスやメール

相手の携帯電話の電池消耗を考え、できるだけ短い文面で。

Facebook

被災地にいた場合、安否を確認する通知が届く。無事だった場合、「自分の無事を報告」というボタンをタップすることで、Facebook上の友だちに安否を報告することができる。

X（旧Twitter）

家族や友だちに自分のアカウント名を伝えておくと、イザというときに便利。お互いフォローし合っている場合、ダイレクトメッセージを使えば、安否確認のやり取りができる。

Google パーソンファインダー

名前や携帯番号で、安否情報の登録・検索ができる。

災害用伝言サービスの種類

災害用伝言サービスには３つの種類があります。毎月１日と15日など体験利用できる日があります。

	災害用伝言板web171	**災害用伝言板**	**災害用伝言ダイヤル**
	●『web171』で検索	●各社公式メニューや専用アプリから	●171をダイヤル
概要	ネットを通じて、安否情報を登録・確認するシステム。確認した側もメッセージを書き込める。	携帯電話やスマートフォンの災害用伝言板アプリを使って安否確認ができる。	被災地の固定電話もしくは携帯電話の番号を使い、安否情報を録音・再生できるボイスメール。
こんなときに	複数の人と一度に安否確認をとりたいときに。	家族や友人と安否を確認し合うときに。	連絡をとりたい相手が携帯電話を持っていないときに。
保存時間	6カ月	サービス終了時まで	サービス終了時まで
登録件数	20件 携帯各社伝言板の伝言も一括検索可能	10件 ソフトバンクは80件	1〜20件 被災規模によって変わります
文字数／時間	100字／件	100字／件	30秒／件

COLUMN

災害に強い通信ネットワークへ。日本の通信は、日々進化しています。

お話をきいた人　ソフトバンク株式会社　災害対策室／広報室

被災したそのとき、通信のつながりは命のつながりにもなる。私たちは震災や、台風・豪雨など風水害のたびにその大切さを実感しています。そして日本の通信ネットワークもまた、その重大な役割を果たそうとさまざまな強化を行っているのです。その取り組みについて、通信キャリアのひとつであるソフトバンクに聞きました。

「携帯電話は当初エリアのカバー率で各社が競っていましたが、スマートフォンの登場でつながりやすさを意識し出した過渡期に起こったのが、東日本大震災でした。携帯が電気・ガス・水道と同じライフラインとなっていた状況から、業界全体が、〝つながる〟だけでなく本当に〝強い〟ネットワークをつくろうという方向へ舵を切りました」

対策は各社に特徴があり、ソフトバンクでは震災後、基地局の電源の増設・耐震化のほか、移動電源車や衛星回線に対応した移動基地局車なども多数の稼動ができるように。立地や環境に応じて基地局を細かく配置し、よりつながりやすく、多面的に強化しています。

また風水害に関しても、移動基地局車などはもちろん、ひとりでも運べる軽量の新型衛星アンテナを全国に配備し、人員が少ない状況でも山奥の回線までフォロー可能に。基地局には長期停電に備えて移動電源車を迅速に稼働させ、保守メンバーだけでなく有志社員も参加して燃料確保など必要な活動をサポート。２０１９年10月に起きた台風19号の被害時は、のべ３１４２人の社員が参加し、基地局が被害を受けてから、異例の速さの４日で回線を復旧しました。

この速さを実現した要因は、「備えること」だったといいます。

「今までの教訓を生かして、まず襲来前に対策本部を設置しました。事前に取り入れておいた災害対策のための機器配備やチーム力を最大化して、広範囲の被害にも対応できた。通信インフラを守る強い使命感を全社員が持ち、今後も万全の備えを続けます」

では、通信は進化している一方、私たちができることはなんでしょうか。

まずは災害時に通信規制が起こった際に不要不急の通話を控えるなど、通信維持への協力。通信規制はアクセス集中による大規模障害を防ぎ、緊急ＳＯＳなどを通すために必要です。そして、一番大切なことは、普段使う通信ツールをできるだけ増やしておくこと。

「端末・アプリなど、複数の連絡手段を持つのがとても大切。実はキャリア各社は災害対策の連携をしています。万全にしていても非常時はどの回線が生きるかわからない。各社、対策の中身は違い、その多様性によって通信をカバーできればという意識があります」

多くの通信手段を持つことは、リスクを分散することになるのです。

COLUMN

携帯電話という端末は、もっと役立つ防災ツールになれる。

お話をきいた人　Apple Inc. 広報部

日本のスマートフォン（スマホ）の世帯保有率は今、約９割※。非常時、最初に手にするものがスマホになる時代。その役割を、開発するアップルはどう考えているのでしょうか。

「そのとき、できるだけ長く使い続けられること。いわゆる『電池のもち』は、災害時に限らず、携帯電話が常に目指していることでもあります」

ｉＰｈｏｎｅの場合、連続待受時間は新機種が出るごとに強化されています。通話だけでなく、ネットにつなぎっ放しでも長時間使えること。動画など大きなデータを処理するほど電池を消費しますが、最高画質（４Ｋ）の動画を再生しても、電池の消費を抑えられること。古い携帯は電池の消耗が早くなるという常識にも挑み続け、耐

※「令和5年版 情報通信白書」（総務省）

久性も高められています。

電池のもちは、災害発生時の心の持ちようにも深く関係してくるもの。端末の技術革新は速いので、買い換えの際は、防災を意識して選ぶのも手です。さらに端末には、防災にもっと活用できる機能があるといいます。

「ひとつは、端末の持つＧＰＳ機能です。ｉＰｈｏｎｅでは『探す』アプリを標準搭載しています。必ず本人の同意が必要になりますが、家族を登録しておけば連絡を省けますし、一目で居場所がわかるので安心です。また、災害時に役立ったという事例が多いのが、ビデオ通話モードである『ＦａｃｅＴｉｍｅ』。電話回線が使えなくても連絡が取れ、高画質・高音質でストレスも少ない。とくに障がいがある方は、手話で連絡できるので日常的に使用する方も多く、シニアの方にも、通話に限らずに連絡・情報収集ができるｉＰｈｏｎｅやｉＰａｄの活用は広がっています」

また、新型コロナウイルスの影響やその後の新しい日常にも、応えようとしています。

「コロナ禍を受けてすぐのｉＯＳのアップデートで、顔認証（Ｆａｃｅ ＩＤ）機種のマスク着用時のロック解除を容易にしました（方法は次ページ参照）。また外出自粛時は、生活リズムの乱れや、ストレスが問題になりましたが、そういう場合にはスマホひとつでさまざまな管理ができるｉＯＳの機能が役立つかと思います」

活動と休息の時間を分けた表示・通知ができる「Ｎｉｇｈｔ Ｓｈｉｆｔ」、見過ぎを防ぐ「スクリーンタイム」、スケジュール管理がしやすい「ｉＣｌｏｕｄカレンダー」機能など。子どものスマホ使用には「ペアレンタルコントロール」でさまざまな管理が可能。

スマホの出現はネットワークを進化させ、数々のアプリケーションや機能の利便性をもたらしました。それは防災の進化へつながっている。可能性はまだまだありそうです。

CHECK おすすめ、スマホの災害時設定

マスク着用時のロック解除

ロック画面の下端から上にスワイプすると、パスコード欄が自動的に表示される。各アプリのサインインにも対応。Face IDはセキュリティー上、安全な方法なので、使用はやめずマスク着用時のみパスコード解除がおすすめ。

電池のもちをよくする ▶「低電力モード」「機内モード」

普段は「低電力モード」がおすすめ。端末は常に基地局と通信しているが「機内モード」はこの通信も切る設定で、しばらく使わないときは電源を落とすより効率的（連絡の受信も不可になるのでご注意を！）。

通話で連絡を取りたいとき ▶ パケット通信での通話アプリ

「FaceTime」など。電話回線を使わないので、電話の通信規制が心配されるときに便利。

緊急連絡先などのリストやルールの共有 ▶「メモ」にリスト化する／メモごとにロックをかける

家族や会社で決めておく緊急時のルールは、一元管理しておくと使いやすい。各メモごとにロックがかけられるのでプライバシーも安心。

助けを求めるときに備えて ▶ 緊急SOS、メディカルID

iPhoneはサイドボタン3回押しで、救急などのSOSがすぐ出せる。また、ヘルスケアアプリやメディカルIDに、緊急連絡先や血液型、アレルギーの有無を登録しておくと安心。

10

本当に役立つ
防災グッズ

USEFUL
DISASTER KIT

「災害時しか使えない」から、「災害時も使える」ものへ。

防災グッズ買うの、なんかハードル高い。

その気持ち、わかります。予算、置き場所など条件が意外と多い。でも「普段使いできる」ものだと、ぐっと選びやすくなるんです。

在宅避難も選択肢になる今、備えは日常の延長線。工夫次第で災害時にもしっかり使えるアイテムがたくさんあります。

防災グッズには、在宅避難用、持ち出す避難用、持ち歩ける携帯用と大きく3種類があります。おすすめはこの章で紹介しますが、とくに在宅避難用と持ち出す用は「揃えておわり」ではなく「量」を正しく備えるのがコツ。

避難生活は長期戦で、支援品にも限りがあります。そういう意味でも専門用品だけを「防災グッズ」と考えず、ラップやトイレットペーパーなどの生活必需品も多めのストックを習慣にするのがおすすめ。不安定な世界情勢で起こり得る、物資不足への備えにもなります。

物資の余裕は、気持ちの余裕。

持っていれば、分け合うこともできます。やさしさは災害時の大きな力なのです。無理は禁物ですが、「量」は、想像よりずっと頼りになるものです。

持ち歩き用グッズ

いつどこで被災するかわかりません。飲料水以外はすべて、ポーチなどに入れて持ち歩くことができる大きさです。いつも鞄の中に入れておきましょう。

エマージェンシーブランケット

防風・防水・防寒用の薄手のシート。静音性のものを。

電池交換式バッテリー

携帯電話やパソコンでの安否確認や情報収集に必須。

大判ハンカチ

マスクや応急手当など、多用途に使える。

携帯ラジオ

ヘッドライト

マスク

口腔ケア用ウェットティッシュ

ポリ袋・レジ袋

帰宅支援マップ

ホイッスル

携帯トイレ

常備薬

飲料水

非常食（チョコ・飴など）

カセットボンベ

15本（1カ月分）

温かい食事のために。ボンベ1本で約60分使用可能。

食料

21食（1人×7日分）

好みの味の食品を。

水

ペットボトル7本（1人×7日分）

飲料水として。

クーラーボックス

1個

停電時の冷蔵庫代わりに。保冷剤も一緒に用意を。

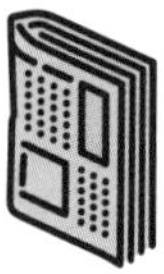

新聞紙

朝刊7日分（1人分）

紙食器や手づくりトイレ、防寒など、多用途に使える。

ラップ

ロングタイプを2本（1人分）

食器にかぶせて使えば水の節約に。

携帯トイレ

35個（1人×7日分）

トイレが使えない場合に備えて。トイレットペーパーも忘れずに。

携帯ラジオ

1台

停電時の正確な情報収集に。電池も忘れずに。

家に置いておく「在宅避難用グッズ」

日用品と区別せずに置いておき、普段から使いながら補給する「ローリングストック」がおすすめです。家族の人数に合わせて必要な量を備えておきましょう。

ランタン

最低1個

できればリビング、キッチン、トイレに1個ずつ。

ポリ袋

大200枚、中・小 各50枚

調理、水の運搬、トイレなど、多用途に使える。

体ふき
ウェットタオル

12枚入りを3パック
（1人×1カ月分）

1枚で全身がふけるサイズのものを。

口腔ケア用ウェットティッシュ

100枚入りボトルを3本
（1人×1カ月分）

断水時も常に口の中を清潔に保って感染症予防を。

※1人分と記載のないものは、1家族で備える数です。

リュックに入れておく「避難用グッズ」

避難する際や避難場所で役立つおすすめグッズです。すぐに持ち出せるように普段からリュックに入れて準備しておきましょう。

水・食料
長期生活に入れば配られるが、一時滞在時には配られない。手軽に食べられるものを各自で準備。

アルコール消毒液
小さいボトルに移し替えると便利。

スリッパ・体温計
感染症予防のために、自分専用のものを準備。

革手袋

レインコート

タオル

ポリ袋・レジ袋

携帯トイレ

ラップ

マスク

口腔ケア用ウェットティッシュ

電池交換式バッテリー

シニア用グッズ

シニア用の支援物資は手に入りにくいので、普段の生活で必要なものは、揃えておきましょう。また「家に置いておくグッズ」の中でも、口腔ケア用ウェットティッシュ、携帯トイレは、シニアの方の健康に大きく影響してくるため、多めに備えておきましょう。

入れ歯の洗浄剤

老眼鏡

大人用おむつ
失禁パッド

補聴器

携帯用杖

おかゆなどの
食べやすい非常食

常備薬

携帯トイレ

口腔ケア用
ウェットティッシュ

乳幼児用グッズ

紙おむつとおしりふき、ミルクなどは、災害時に手に入りにくくなります。必ず多めに用意しておきましょう。

使い捨て哺乳瓶
地震で割れにくく、消毒不要で、避難先で便利。

爪切り
爪を切ってあげられなくて困ったという声も。

子ども用の靴
子どもの足に合った靴は手に入りにくい。

紙おむつ

おしりふき

粉ミルク、液体ミルク

おやつ

母子手帳

水筒

おもちゃ・絵本

抱っこひも

ペット用グッズ

これまでの災害では、犬や猫と一緒に避難することが難しいため、ペットを置き去りにせざるを得ないケースがたくさんありました。犬や猫と避難生活を送るには、周囲の理解とともに飼い主の事前の準備が必要です。

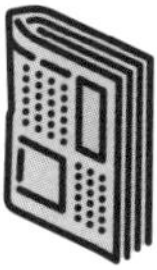

新聞紙
ケージに敷いたり、排せつ物の処理に使ったりできる。

ポリ袋（大・中・小、各数枚ずつ）
排せつ物を入れたり、食器の代わりに使ったりできる。

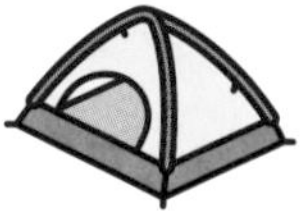

テント
ケージ代わりに使える。ただし熱中症に注意。

エサと水

簡易トイレ、ペットシーツ

ソフトケージ

常備薬

リード

おすすめの防災グッズ

おすすめの防災グッズを紹介します。この機会に自宅にある防災グッズを見直して必要な量をしっかり備えましょう。

Amazon

楽天

11

防災×
イツモの暮らし

BOSAI ×
ITSUMO LIFE

がんばらないからつながれる。ひとりからできる共助のかたち。

防災は、自分で備える「自助」、地域で助け合う「共助」、国や市の「公助」があります。日本では、自助や公助に比べ、共助の構築は正直、足りていません。会社中心の生活の人も多く、地域の活動は、参加に勇気がいるイメージがあるかもしれませんね。

でも、実は共助って、顔を見て「ご近所さんだ」と思ってもらえるだけで十分です。それだけで人は、災害時、声をかけあえる関係性を築けたりする。この章では、そんな、ひとりから気軽にできることを紹介します。

阪神・淡路大震災の調査では、救急隊も消防隊も来られないなか、倒壊家屋からの救助の約98％は自力や家族もしくは隣近所の人たちによって行われ、神戸市内の火災現場の約8割で市民が消火活動をしたことがわかっています。私たちにはやっぱり共助が必要。それは、大声で言わせてください。

地域コミュニティには、防災に限らずたくさんの力があります。逆に防災をきっかけに、地域に踏み出せたりするのだって、素敵です。災害は毎年起こるから、毎日がんばるとしんどくなる。がんばらなくていい。楽しく、豊かな人生で、私たちは備えていきましょう。

あいさつという防災

隣の人とあいさつをする。顔見知りになる。それが大きな防災になります。

災害時に協力し合い、助けになるのは近所の人たちです。近所の人たちと普段からあいさつをして、誰がどこに住んでいるかを知っていることが防災になります。

散歩という防災

散歩をしながら、街のことを知ることができます。街のどこに何があるのかを知っていると、災害時に役立ちます。

散歩は、自分の街を知る絶好の機会です。防災拠点をはじめ、近所のどこに何があるかを把握したり、お気に入りのお店を見つけたり。近所の人に会ってあいさつもできたら一石二鳥です。

なじみの店という防災

喫茶店や居酒屋、銭湯など、近所になじみの店や場所をつくると、災害時にも心強いです。

まずはお気に入りのお店や場所を見つけ、通いましょう。楽しい時間を過ごすなかで、顔なじみができたり、店主や常連さんが近所の人を紹介してくれることも。地域コミュニティに加わるきっかけになるかもしれません。

地元のお祭りという防災

地元のお祭りやイベントは、楽しいだけでなく、近所の人たちと親しくなるきっかけになります。

地域のお祭りやイベントに参加してみるのはどうでしょうか。あいさつだけだった近所の人と会話をするきっかけになるかもしれません。またお祭りの運営を手伝ったりすれば、地域の人たちとのつながりが深まります。

スポーツという防災

スポーツは人と人とのつながりを強めます。楽しみながら体力がつくし、仲間の意外な一面を知るチャンスでもあります。

イツモ
モシモ
被災時は力仕事も多い！
仲間と力を合わせる場面も

身体を動かすのが好きな人は、地域のスポーツクラブに入ってみるのはどうでしょうか。体力がついて、ストレス解消にもなる。そして、イザというときに頼れる知り合いが地域にできます。

アウトドアという防災

アウトドアグッズは、災害時に必要なものばかり。普段からキャンプなどを楽しんでいれば、イザというときに心強いこと間違いなしです。

いろいろなサバイバル術が役に立つ！

アウトドアの趣味は楽しみながら、災害時の備えができます。たとえば車にアウトドアグッズ一式と保存食や水などを入れておけば、第二の家になるのです。

助け合うという防災

普段から助け合う意識を持っていると、災害時にもまわりの人たちと自然と助け合うことができます。

お互いに助け合おう

困っている人を見かけたとき、声をかけるのはちょっと勇気がいりますよね。普段から声をかけることができたら、災害時にも自然と助けることができるはず。そして、あなたもイザというときに助けてもらえるのです。

防災。それは、未来を変えること。

たくさんの防災知識がある。でも知られていない、あるいは行動につながらない。今回の新書化の理由でもあるこの課題を、ずっと考え続けてきました。正直なところ、この「壁」への答えは見つかっていません。だけどひとつ、確かなことがあります。

「防災って、人から人にしか、伝わらない」

大きな広告でも伝わらない。情報量じゃない。たとえば、避難を呼びかけても動かない高齢の方の腰を上げさせたのは、「お孫さんが悲しむよ」という言葉です。行動の起点になるのはいつも、人の気持ちだったのです。たぶん備えも同じです。防災は他の知識と違い、一人ひとりに手渡す必要があると、私たちは気づきました。そして誰がそれを担ってきたかというと、防災教育や自治体などの身近な防災組織です。

しかし、その存続が今、高齢化などで危機に瀕していることをご存じでしょうか。

次の担い手が、いないのです。私たちも防災組織の新しいモデルの構築や中高生の防災教育に取り組んでいますが、不足に追いついてはいません。いつか誰もいなくなれば、氾濫する情報が届かないまま失われていく。また災害は起こる。そうなれば防災の未来が立ちゆかなくなる——。能登半島地震の後、私たちはその巨大な危機感と焦りに襲われました。

でもこの本をまとめて、ふと感じたのです。手渡してくれる人は、いるんじゃないか。大事な人を守ろうとする人。被災地の声を忘れない人。人生を大切に、暮らしの安全に取り組む人。それぞれの思いをもち、進もうとする人たちがいる。

そう、あなたです。

本は人から人へ直接伝わるのと近い力をもつ媒体です。本をゴールにするのではなく、伝えていくスタートにしたい。わかりやすさの追求に、そんな願いもこめました。

「次は、誰かに、伝えてほしい」

勝手なお願いかもしれません。だけど、この本を読み終わった日は、誰かのスタートにもきっとなる。被災地からあなたへ、あなたから家族へ、その先へ。

そこに、どんな災害にも負けない未来があると信じて。私たちも一緒に、進みます。

２０２４年６月　防災イツモプロジェクト

参考・引用文献

「南海トラフ巨大地震の被害想定について　第二次報告」内閣府 ▶ P.18

「首都直下地震の被害想定と対策について　最終報告」内閣府 ▶ P.18

「令和6年能登半島地震による被害状況等について
（令和6年6月4日14:00現在）」内閣府 ▶ P.18

「能登半島地震の被害額は1.1兆～2.6兆円
被災3県の政府試算」朝日新聞（2024年1月25日） ▶ P.18

「2016年（平成28年）熊本地震」内閣府 ▶ P.18

「東日本大震災記録集」総務省消防庁 ▶ P.18

「令和2年版地方財政白書」総務省 ▶ P.18

「阪神・淡路大震災について（確定法）」総務省消防庁（1996年） ▶ P.18

「地域の経済　2011　震災からの復興、地域の再生」内閣府 ▶ P.18

「活火山とは」気象庁HP ▶ P.24

「主な火山災害」気象庁HP ▶ P.24

「那須岳　火山防災ハンドブック（改訂版）」
那須岳火山防災協議会（2023年） ▶ P.24

「火山灰の健康影響 地域住民のためのしおり（日本語版）」
防災科学技術研究所（2007年） ▶ P.25

「降灰への備え　事前の準備、事後の対応（日本語版）」
防災科学技術研究所（2007年） ▶ P.25

「南海トラフ巨大地震の被害想定について（施設等の被害）」
内閣府（2019年） ▶ P.34

「首都直下地震の被害想定と 避難者・帰宅困難者対策の概要について」
内閣府 ▶ P.34

「熱中症環境保健マニュアル　2014」環境省 ▶ P.77

「東日本大震災3.11のトイレ」日本トイレ研究所（2015年） ▶ P.86

「1995年兵庫県南部地震における火災に関する調査報告書」
日本火災学会編（1996年） ▶ P.148

防災イツモプロジェクト　メンバー

監修

NPO法人プラス・アーツ

2006年、現在の理事長である永田宏和が設立。
企業や自治体、地域団体とともに、防災プロジェクトを展開。
また、一般向けに「防災ITSUMO講座」を数多く開催している。
http://www.plus-arts.net/

絵

寄藤文平（よりふじ・ぶんぺい）

グラフィックデザイナー、イラストレーター。
JT広告「大人たばこ養成講座」をはじめ、広告やブックデザインに携わる。著書に『死にカタログ』『数字のモノサシ』『元素生活』『ラクガキ・マスター』など多数ある。

ブックデザイン

北谷彩夏（きたたに・あやか）

グラフィックデザイナー。
書籍の装丁のほか、イラスト制作も行う。

文

梶谷牧子（かじたに・まきこ）

編集・コピー・イラスト制作の3軸で、
主に暮らし分野の広告・書籍等での活動多数。
著書に『お母さん1年生　子どもが病気になったとき読む本』など。

本書は、2020年にポプラ社より刊行した単行本に大幅に加筆修正し、新書化したものです。

防災イツモマニュアル

2024年 8 月 5 日　第1刷発行
2024年10月29日　第3刷

防災イツモプロジェクト　編
NPO法人プラス・アーツ　監修
寄藤文平　絵

発行者 ―――― 加藤裕樹
編　集 ―――― 近藤純
ブックデザイン ―――― 北谷彩夏
校正 ―――― 株式会社円水社
DTP ―――― 株式会社三協美術
発行所 ―――― 株式会社ポプラ社
〒141-8210 東京都品川区西五反田3-5-8
JR目黒MARCビル12階
一般書ホームページ www.webasta.jp
印刷・製本 ―――― TOPPANクロレ株式会社

N.D.C.369 159P 18cm ISBN978-4-591-18260-4

P8201264